정보정리의 기술

WADA-SHIKI CHO JOHO SEIRI JYUTSU
by WADA Hideki

Copyright ⓒ 2008 WADA Hideki
All rights reserved.

Originally published in Japan by SHINKO SHA, Tokyo.
Korean translation rights arrange with SHINKO SHA, Japan
through THE SAKAI AGENCY and Tony International.

천재들의 컴퓨터 메모법!
정보정리의 기술

1판 1쇄 발행 2010년 5월 7일

지은이	와다 히데키
옮긴이	이동희
펴낸이	박찬영
기획편집	정민정, 김혜경, 한미정
디자인	박시내
마케팅	이진규, 장민영

발행처	리베르
주소	서울시 용산구 용산동5가 24번지 용산파크타워 103동 505호
등록번호	제2003-43호
전화	02-790-0587, 0588
팩스	02-790-0589
홈페이지	www.liberbooks.co.kr
커뮤니티	blog.naver.com/liber_book(블로그) cafe.naver.com/talkinbook(카페)
e-mail	skyblue7410@hanmail.net

ISBN	978-89-91759-91-6 (03320)

리베르(LIBER)는 디오니소스 신에 해당하며 책과 전원의 신을 의미합니다.
또한 liberty(자유), library(도서관)의 어원으로서 자유와 지성을 상징합니다.

천재들의 컴퓨터 메모법!

정보정리의 기술

와다 히데키 지음
이동희 옮김

리베르

나는 수많은 책을 썼고 영화를 제작했다. 이런 성과는 독자와 관객이 없었다면 이루어질 수 없었을 것이다. 사람들은 내가 많은 정보를 수집했을 것이라고 추측하며 내가 어떻게 컴퓨터로 정보를 처리하는지 궁금해 하곤 한다.

나 스스로도 컴퓨터를 능숙하게 다룬다고 자부한다. 엑셀을 능숙하게 다룬다든가, 파워포인트의 슬라이드를 멋들어지게 만든다는 말이 아니다. 내가 남보다 솜씨 있다고 자신하는 것은 컴퓨터를 정보원으로 활용해 이를 바탕으로 글을 쓰거나 일을 처리할 수 있다는 점이다.

사람마다 컴퓨터를 사용하는 목적은 천차만별이다. 그래픽을 만들기 위해 혹은 통계를 처리하기 위해 컴퓨터를 사용하기도 하고, 시각 보조 자료를 만들기 위해 파워포인트를 활용하기도 한다.

내가 잘하는 것은 일을 할 때 목적에 따라 컴퓨터를 능숙하게 사용할 수 있다는 것이다.

컴퓨터가 발달했다고 해도 일을 하는 주체는 사람이다. 새로운 컴퓨터 소프트웨어가 출시되어도 겁먹을 필요는 없다. 사람들은 대부분 다양한 소프트웨어를 다룰 수 있어야 컴퓨터를 능숙하게 사용하는 것이라고 착각한다. 사실 중요한 것은 자신이 무엇을 위해 컴퓨터를 사용하고 있는지, 이를 위해 컴퓨터를 어떤 식으로 사용하면 좋을지를 미리 생각하고 실행하는 것이다.

나는 글을 쓸 때 컴퓨터의 도움을 많이 받는다. 내 경우 컴퓨터를 활용하는 데 있어 워드프로세서를 숙련되게 다루는 것과 원고를 구성하고 집필하는 데 필요한 정보를 처리하는 것이 가장 중요하다.

내가 이 책을 통해 소개하려는 것은 정보를 선택하고 정리하는 방법에 대한 것이다. 이 방법을 통해 내가 얻은 중대한 결론을 독자 여러분과 나누고 싶다.

인터넷에서 찾은 정보는 기초 지식이 있을 때 그 지식을 보강시키는 장점이 있지만, 그렇지 않은 경우에는 큰 도움을 주지 못한다. 정보를 찾을 때는 미리 그 분야에 대한 입문서를 읽어두는 것이 좋다.

이런 점을 숙지하면 인터넷을 매우 유용하게 활용할 수 있을 것이다. 알고 있는 것은 더욱 보강해 글을 탄탄하게 구성할 수 있고, 모르는 것이라 해도 인터넷 정보를 찾으면 어느 정도 필요한 부분을 채울 수 있다.

또 입문서는 천천히 읽고 생각할 시간이 주어지기 때문에 정보를 추리하고 판단할 수 있는 능력도 길러준다. 수집한 정보를 더 폭넓은 시각으로 이해할 수 있게 한다는 점도 입문서를 공부하는 이점이라 할 수 있다.

정보를 버리는 기술 또한 중요하다. 이 기술은 오래전부터 강조되어 왔는데 정보가 범람하는 오늘날에 그 중요성이 더욱 부각되고 있다. 정보를 버리는 기술은 조금만 고민하면 터득할 수 있다. 넘쳐나는 정보에 휘둘리는 것을 막기 위해서라도 불필요하거나 당장 없어도 되는 정보를 버리는 요령을 알고 있어야 한다.

이러한 사실은 매우 당연한 것이지만 사람들은 이를 잘 모르고 있다. 나는 인터넷과 컴퓨터를 서툴게 사용하는 사람들에게 내가 알고 있는 사실과 방법을 모두 알려주고 싶다. 이 책에서 소개되는 방법들이 독자들의 일과 삶에 도움이 될 수 있기를 기대한다.

와다 히데키

불과 십수 년 전인 90년대 초반만 해도 인터넷은 물론이고 컴퓨터도 지금처럼 친숙하고 생활에 꼭 필요한 존재는 아니었다. 집에 컴퓨터가 있는 경우도 드물었고, 컴퓨터를 다루는 사람들도 대개 공학도이거나 게임 등에 관심이 많은 청소년들 정도였다. 컴퓨터 바이러스니 해커니 하는 얘기는 마치 딴 세상 이야기처럼 생소하기만 했다.

그런 시대에 뭔가를 조사할라치면 으레 도서관을 찾아가거나 집에 있는 백과사전을 들춰 보거나, 그것도 아니면 조사할 내용에 대해 잘 알고 있는 전문가를 물어물어 찾아가서 이야기를 듣는 정도가 고작이었다. 그런 까닭에 남이 모르는 정보를 하나라도 더 알고 있는 사람이 여러모로 유리했고, 다양한 경로를 통해 정보를 수집하는 능력이 중시되었다. 바로 '아는 게 힘'이었던 시대였다.

그러던 것이 어느새 책상에 앉아 국내 소식뿐 아니라 세계

구석구석의 뉴스도 실시간으로 바로바로 알 수 있게 되었고, 뭔가를 조사하려고 하면 인터넷을 통해 언제 어디서든 너무나 간단히 정보를 입수할 수 있게 되었다. 하지만 이처럼 수월하게 정보를 입수할 수 있게 됨에 따라 넘쳐나는 정보들로 인해 허우적대며 어찌할 바를 모르고 우왕좌왕하는 사람들이 늘어나게 되었다. 원래 선택할 것이 너무 많으면 되레 더 못 고르는 법이다. '아는 게 힘'이 아니라 차라리 '아는 게 병'인 세상이 되어 버린 셈이다.

이런 세상에 살고 있는 현대인들에게 이 책은 비록 시간이 한정되어 있어도 자신이 하고 싶은 일들을 차례차례 실현해 나갈 수 있는 시간 사용법과 함께 자신에게 맞는 컴퓨터 사용법을 통해 정보를 정리하는 방법을 소개하고 있다. 이 책의 저자인 와다 히데키는 컴퓨터를 자신의 입맛에 맞게 사용해 정보를 자신에게 필요한 상태로 정리하고, 그 정보를 활용해 남보다 몇 배나 되는 일을 처리함으로써 자신이 하고 싶은 꿈들을 차례차례 실현하고 있는 인물이다. 저자는 주도권을 가지고 '정보'를 이용하기 위해서는 정보가 자신에게 필요한지 아닌지 '취사선택'해 '정리'해야 하는데, 이런 점에서 컴퓨터는 최대의 강점을 발휘한다고 조언하고 있다. 이같은 '와다 히데키 스타일의 정보 정리법'을 배움으로써 늘 정보에 치이고 정보에 휘둘려 왔던 자신을 반성하고, 정보의 주인으로 그리고 컴퓨터의 주인으로 거듭날 수 있는 기회를 거머쥐게 될 것이다.

새로운 시대에 걸맞은 새로운 정보 정리법을 바로 이 순간부터 적용하자.

옮긴이 이동희

차례

제2장 꿈을 이뤄주는 컴퓨터의 정보 정리 기능

제3장 정보를 버렸을 때 집중력이 생긴다

제6장 이메일 정보는 내 생활 리듬에 맞춰 정리하자

에필로그 당신이 컴퓨터의 주인이다

PROLOGUE

당신은
컴퓨터에
휘둘리고
있지 않은가?

누구나
지식인이 된 기분을
맛볼 수 있는 시대

지금은 인터넷을 이용하면 대부분의 정보를 찾을 수 있는 시대이다.

이야기 도중에 궁금하거나 흥미가 느껴지는 것이 있을 때는 키워드만 머릿속에 담아둔 뒤 인터넷 검색엔진으로 들어가 찾아보면 된다. 휴대폰으로도 검색은 가능하다. 누구나 금세 지식인이 될 수 있는 것이다. 찾고자 했던 것을 검색해 궁금증이 풀리면, 내친김에 다른 사이트로 들어가 더 많은 정보를 얻을 수도 있다. 지식의 폭은 부지런함에 달렸다.

대화 중에 '펀더멘털fundamental'이라는 단어가 나왔다고 치자. 상대방에게 물어보기가 창피하면 적당히 맞장구를 친 후 휴대폰의 인터넷을 검색하면 금방 알 수 있다. 모르는 것도 아는 척할 수 있는 것이다. 검색해 보면 기업에서는 펀더멘털이 결산서를 가리키는 용어로 사용된다는 것을 먼저 알게 될 것이다. 그런 뒤 이것저것 검색을 더 하다 보면 거시경제와 미시경제에서 펀더멘털이 의미하는 바가 다르다는 사실을 알게 된다. 더 나아가면 펀더멘털은 어느 쪽이든 '경제 활동 상태를 나타내는 가장 기초적인 지표'라고 해석하면 된다는 사실도 알아채게 될 것이다.

조금 전까지는 용어의 기본적인 의미조차 몰랐다. 그런데 인터넷을 검색하면서 빠른 시간에 필요한 정보를 얻을 수 있었다. 인터넷을 이용하면 우리는 어떤 분야, 어떤 정보도 쉽게 접할 수 있다. 지식인이 되는 길은 멀리 있지 않은 것이다. 이제는 누구의 도움 없이도 손쉽게 정보를 얻을 수 있게 됐다. 그러나 여기에는 함정이 도사리고 있다는 것을 유의해야 한다.

인터넷을 이용하면 모르는 것을 언제든지 확인할 수 있기 때문에 공부를 하지 않아도 된다는 착각에 빠지게 되는 것이다. 사람들은 흔히 정보를 손쉽게 얻으면 굳이 기억할 필요가 없다고 생각한다. 또 새로운 정보라 해도 얼마 지나지 않으면 더 새로운 정보가 나오게 될 것이니 정보를 구태여 머릿속에 담아두지 않아도 된다고 생각한다.

이런 사람은 지식을 갖추지 못한 것에 대해 불안해 하지 않는다. 모르는 것은 컴퓨터나 휴대폰을 이용해 확인하면 된다고 생각하기 때문이다. 사람들은 실제로는 아무것도 모르면서 스스로는 '지식인'이라고 착각하며 지내는 것이다.

> **TIP** __모르는 것은 언제든지 인터넷을 통해 확인할 수 있으므로 공부를 하지 않아도 된다는 생각은 착각이다.__

**결국 쓰레기로
전락해 버리고 마는
정보들**

쉽게 '지식인'이 된다는 사실에는 또 하나의 함정이 있다. 정보를 점점 엉성하게 다루게 된다는 점이다. 예를 들어보자. 인터넷 검색엔진으로 특정 사이트를 찾아내고 그 사이트를 훑어보다가 링크를 통해 다른 사이트에 접속하는 경우가 있다. 인터넷 서핑을 할 때 흔히 있는 일이지만, 목적을 가지고 조사를 하는 경우에도 이런 일은 빈번히 발생한다.

사람들은 나중에 필요할지도 모른다며 그 사이트를 즐겨 찾기에 추가하거나 바탕화면에 바로가기 아이콘을 만들어둔다. 시간이 갈수록 바탕화면의 아이콘은 늘어간다. 얼핏 보기엔 컴퓨터를 꽤 잘 다루고 있는 듯이 보인다. 그러나 사실 이 아이콘들은 마구잡이로 늘어놓은 정보 쓰레기에 지나지 않는다.

대체로 이 사이트들은 고작 한두 번 들여다보면 되거나 앞으로 한 번도 들여다보지 않을 수도 있다. 사람들은 그 사이트에 언제든지 들어갈 수 있지만 실제로는 활용하지 않고 방치하는 경우가 태반이다. 거의 쓸모가 없다는 뜻이다. '나중에 필요할지도 모른'고 생각하지만 활용되는 일이 매우 드무니 그저 쓰레기 정보에 불과하다.

왜 이런 일이 일어나는 걸까?

축적된 지식이 없기 때문이다. 정말로 알고 싶은 정보라면 손수 정리하고, 언제든 이용할 수 있도록 컴퓨터의 본체 파일이나 CD, DVD 혹은 외장 메모리에 저장해야 한다. 그리고 자신의 지식이 되도록 익혀야 한다. 흔히 사람들은 정보

를 이해하지도, 가공하지도 않는다. 밑바탕이 되는 지식도
부족하다. 당연히 정보를 활용하거나 새로운 아이디어를 생
각해내는 일은 쉽지 않다. 그들은 단지 정보를 흥미 본위로
받아들일 뿐이다.

어떤 정보든 그 정보를 이해하기 위해서는 어느 정도의 지
식이 필요하다. 수준 높은 정보일수록 수준 높은 지식을 요
구한다. 흥미를 불러일으키는 정보를 발견했어도 그 정보를
이해할 수 있는 지식이 없다면, 그 정보는 쓰레기로 전락해
버리고 만다. 검색엔진을 통해 빠르게 정보를 입수하면 그
순간에는 '지식인'이 된 듯한 기분을 맛볼 수 있다. 사실은
그저 쓰레기통에 아무렇게나 구겨져 있는 쓰레기처럼 정보
를 버려두는 것에 지나지 않는데도 말이다.

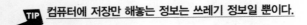 컴퓨터에 저장만 해놓는 정보는 쓰레기 정보일 뿐이다.

누가 주역인가?

　　　　　　　　　인터넷은 편리하다. 그것은 틀림 없는 사실이다. 컴퓨터만 있으면, 방에서도 세계의 정보를 접할 수 있다. TV나 신문보다 더 상세하게 최신 뉴스와 수많은 화젯거리를 알 수 있다.

사람들은 종종 인터넷을 통해 알았던 것을 금방 잊어버린다. 이런저런 기사를 읽고 여러 사이트와 홈페이지를 열람하고, "그렇구나." "오, 그런 거였어?"라고 감탄하며 '흥미로운 이야깃거리네. 누군가에게 말해 줘야지'라고 생각한다. 그러나 그 정보를 정리하고 저장도 하지 않는다면 한 시간도 지나지 않아 새까맣게 잊어버릴 것이다.

그러는 동안에도 모니터에는 엄청난 양의 정보가 샤워기에서 쏟아지는 물줄기처럼 흘러 지나간다. 매일 밤 두 시간, 세 시간, 때로는 그 이상을 컴퓨터 앞에 앉아서 가늠할 수 없는 양의 정보를 받아들이지만, 머릿속에 남는 것은 아무것도 없다. 방대한 정보에 빠져 방향을 잃어버리고 시간만 낭비하게 된다. 이는 컴퓨터 사용자가 컴퓨터를 다루는 것이 아니라 거꾸로 컴퓨터에 휘둘리는 것이다.

10여 년 전까지만 해도 인터넷을 이용하는 사람은 누구나 요금에 신경을 썼다. 지금처럼 접속 속도가 빠르지 않았기 때문에 어떻게 하면 신속하고 정확하게 정보를 찾을 수 있을지 궁리해야 했다.

그때는 조사할 것을 명확하고 구체적으로 정한 후 인터넷에 접속했다. 그것은 최소한의 규칙이었다. 예를 들어 뉴스를 검색할 때는 내용의 뼈대를 확실하게 알고 있는 상태에서 좀 더 자세한 배경이나 원인을 조사하기 위해 정보를 검색했다.

그런데 지금은 어떤가?

무엇을 조사할지 정하지도 않은 채 일단 구글이나 야후, 네이버와 같은 검색엔진에 접속한 후에 뉴스 헤드라인을 보고 흥미를 끄는 것부터 클릭해 나간다. 컴퓨터는 정보를 꺼내고 정리하고 지식을 강화하기 위한 도구가 아닌 정보 카탈로그가 되어버렸다.

그리고 대부분의 사람들은 그저 이 정보 카탈로그를 바라보면서 귀중한 시간을 낭비하고 있다. 본인 스스로는 정보 수집을 하고 있다고 여길지 모르지만, 대부분이 그때뿐인 쓰레기 정보이니 컴퓨터에 휘둘리고 있다고밖에 생각할 수 없다. 차라리 10여 년 전에 인터넷을 사용하는 방식이 더 바람직한 것인지도 모른다.

컴퓨터를
정보 정리 상자로 재평가하자

불과 10년 전까지만 해도 컴퓨터 하드디스크의 용량이 보통 5~10기가바이트였다. 광고 문구에 '꿈의 대용량!'이라고 선전해도 고작 6기가바이트 정도였다.

그런데 지금은 어떤가?

100기가바이트 이상의 노트북은 일상화됐으며 데스크톱 컴퓨터는 대부분 1테라바이트^{약 1000기가바이트}에 가까운 용량을 가지고 있다. USB로 간단히 접속할 수 있는 작은 외장 하드디스크나 메모리 카드도 출시되고 있다. 일반적인 데이터를 저장할 경우에 그 용량은 거의 무한대라고 말해도 좋을 것이다.

즉, 정보를 저장하고 그 정보를 자신의 목적에 맞게 정리할 때, 컴퓨터만큼 완벽한 정보 정리 상자는 없다. 과거에 자료나 서류 더미로 책상서랍이 가득 찼던 때를 생각하면, 컴퓨터는 마법의 상자이다. 파일에 이름을 붙여 저장함으로써 언제든 신속하게 불러낼 수 있으니 옛날처럼 책상을 뒤적거릴 필요가 없다.

작업 중인 파일을 휴대하고 다니기도 편해졌고 이메일을 사용하면 즉시 정보를 보내거나 받을 수도 있다. 스캔도 훨씬 수월해지고 선명해졌기 때문에 다룰 수 있는 정보량이 크게 증대되었다.

이 같은 컴퓨터의 정보 저장과 정리 기능은 과연 얼마나 활용되는 것일까? 매일 인터넷 정보를 검색하고 있지만 정보를 단순히 쌓아두고만 있는 건 아닐까? 안타깝게도 지금은 컴퓨터의 대용량과 고성능이 활용되고 있지도 않고, 활용된다 하더라도 쓰레기 정보만을 모으고 있을 뿐이다.

> **TIP** 정보를 저장하고 자신의 목적에 맞게 정리할 때 컴퓨터는 완벽한 정보 정리 상자가 된다.

현대는 정보 수집 능력보다
'정리 능력'을 요구한다

최근에 와서 '사고의 정리', '기분 정리', '업무의 정리', '감정의 정리', '정보의 정리' 등과 같이 '정리'라는 단어가 주목을 받기 시작했다.

정리가 화두가 되고 있는 것은 인터넷 보급과 무관하지 않다. 정보와 커뮤니케이션이 복잡해지고, 파급력이 빨라져 일상사가 복잡하게 얽히게 된 것이다. 그 결과 스스로 정보를 처리하는 것이 어려워졌다. 인간의 능력에는 한계가 있으므로 한계를 넘어서는 정보는 처리할 수 없다.

인터넷도 이메일도 없었던 시대를 떠올려보라. 휴대전화를 사용하기 이전의 시대에는 누구나 자신의 전문분야를 정해서 공부하고, 부족한 정보를 필사적으로 모아 지식을 넓혀갔다. 쓰레기 정보가 들어올 여지가 없었다. 적어도 우리는 일이든 공부든 취미든 자신의 전문분야를 지금보다 훨씬 홀가분한 마음으로 체계적으로 추구할 수 있었다.

하지만 지금은 그렇지 않다.

정보량이 필요 이상으로 늘어나면서 주어진 정보를 목적

당신은 컴퓨터에
휘둘리고 있지 않은가?

에 맞게 다루지 못한다. 어디서부터 어떻게 손을 대야 할지도 모른다.

이러한 때에 가장 먼저 해야 할 일이 정보의 '정리'이다. 정보의 이해가 곧 지식이 되므로, 불필요한 정보는 버리고 자신에게 필요하고 중요한 정보를 언제든 꺼낼 수 있도록 정리해야 한다.

이러한 사실을 인식하게 되면, 컴퓨터를 다루는 방식이 크게 바뀔 것이다. 극단적으로 말해, 컴퓨터는 고도의 정보 정리가 가능한 워드프로세서이고, 인터넷과 이메일은 '덤'에 지나지 않는다. 컴퓨터는 일과 공부를 강력하게 지원해 주는 도구이다. 정보 수집은 두 번째다.

이번 기회에 반드시 자신의 컴퓨터를 정보 정리를 위한 든든한 아군으로 재인식해 보라.

TIP **컴퓨터는 내 일과 공부를 강력하게 지원해 주는 도구이다. 정보 수집 기능은 두 번째이다.**

정보화 시대에 정보 정리가 필요한 이유

1. 사회가 정보화될수록 사람들은 방대한 정보를 다루지 못하고 정보에 끌려다닌다. 일을 시작할 때 어디서부터 어떻게 손을 대야 할지도 모른다. 이러한 때에 가장 먼저 해야 할 일이 정보의 '정리'이다. 정보의 이해가 곧 지식이 되므로, 불필요한 정보는 버리고 자신에게 필요하고 중요한 정보는 언제든 꺼낼 수 있도록 정리해야 한다.

2. 정보를 활용하거나 새로운 아이디어를 생각해내려면 수집한 정보를 이해하고 정리하는 과정이 선행되어야 한다. 그래야 자신의 지식으로 만들 수 있다. 정보의 활용이나 새로운 아이디어의 적용은 축적된 지식이 있어야만 가능하다. 이런 점에서 정보를 정리하는 기술은 자신의 일과 공부를 강화시킨다.

3. 컴퓨터가 흥미성 기사나 단편적 정보를 모으는 정보 카탈로그가 되어버렸다. 사람들은 이 정보 카탈로그를 바라보면서 귀중한 시간을 낭비하고 있다. 본인은 정보 수집을 하고 있다고 여길지 모르지만, 대부분이 그때뿐인 쓰레기 정보다. 쓰레기 정보에 휘둘리지 않기 위해서라도 정보는 정리되어야 한다.

01

정보화
사회에는
입문서가
중요해진다

도라에몽과 같이 다녀도
지식은 내 것이 되지 않는다

일본 만화 『도라에몽』에는 편리한 도구들이 많이 등장한다. 아이들에게 "그중에서 뭐가 갖고 싶니?"라고 물어보면 대다수 아이들이 '어디로든 문'이라고 대답한다.

'어디로든 문'은 문을 열면 가고 싶은 곳으로 데려다주는 문이다. 자신의 방에 '어디로든 문'이 있다면, 전 세계 어느 곳이든 순식간에 이동할 수 있을 것이다.

인터넷은 '어디로든 문'이라고 할 수 있다. 화면에 있는 인터넷 아이콘을 열면 원하는 세계가 기다리고 있다. 움직이지 않는 모니터 속의 가상 세계인 인터넷은 사람들을 세계 어디든 데려다준다.

이런 편리성은 휴대전화에 의해 더욱 확대됐다. 휴대전화는 휴대할 수 있는 정보 도구이다. 이것을 이용하면 언제 어디서든 인터넷에 접속할 수 있고, 원하는 모든 정보를 그 자리에서 얻을 수 있다. 무엇인가를 조사하거나 호텔이나 교통수단을 예약할 수도 있다. 문자 기능이 강화되어 커뮤니케이션 도구의 역할도 하고 있다. 서로 얼굴을 보면서 전화를 할 수도 있고, 동영상도 찍을 수 있다.

휴대전화만 갖고 있으면, 원하는 것은 전부 손에 넣을 수 있을 것 같은 기분이 든다.

그 결과, 어떻게 되었는가?

정보는 읽으면 바로 버려진다. 적당히 받아서 적당히 읽고 잊어버리는 것이다. 별다른 수고 없이 수중에 들어오기 때문에 저장할 필요도, 정리할 필요도 없다. 알고 싶은 정보는 그때그때마다 클릭해서 불러내면 그만이다. 그러다보니 순식간에 정보가 넘쳐날 정도로 수집된다. 그러나 다음 정보를 수집할 즈음에는 그 전의 정보는 깡그리 잊어버리게 된다.

그렇다고 난감해 할 필요는 없다. 잊어버렸다면 다시 클릭해서 불러내면 되기 때문이다. 어쨌든 도라에몽은 늘 옆에 있다.

만약 도라에몽이 사라지면 어떻게 될까? 모든 정보가 사

라진다. 머릿속에 남아 있는 지식은 아무것도 없다. 게다가
정보를 수집할 방법도 없다.

많은 현대인들이 인터넷에 중독되어 있다고 한다. 그만큼
현대인들이 컴퓨터와 휴대전화에 과도하게 의존하고 있다는
것이다.

TIP **인터넷은 세계 어디든 사람들을 데려다주지만 그 정보는 읽으면**
바로 버려진다.

다시 묻는다,
지식 사회란 무슨 뜻일까?

무심코 사람들은 정보
가 늘면 지식도 늘 것
이라고 생각한다. 다양한 정보를 알고 있다는 것을 풍부한
지식을 갖고 있다는 뜻으로 이해해서 정보화 사회를 곧 지식
사회로 여기는 것이다.

그것은 '지식이 없는 사람은 정보를 이해할 수 없다'는 진
리를 모르고 하는 말이다. 나는 직업이 의사이므로 의학 정

보를 인터넷에서 검색하면 대개 이해할 수 있다. 하지만 의학을 공부한 적이 없는 사람은 아무리 의학 정보를 수집한다고 해도 그 내용을 이해하기가 힘들 것이다. 그 정보가 진짜인지 가짜인지조차 판별할 수 없다. 너무 오래되어 시대에 뒤떨어진 정보라고 해도 이를 깨닫지 못한다.

한마디로, 수집한 정보가 전부 쓰레기가 될 수도 있다는 뜻이다. 기초 지식이 없으면 정보를 제대로 이해할 수 없을뿐 아니라 그 정보가 도움이 되는지 아닌지도 알 수 없다.

지식 사회는 단순히 정보만 모으는 정보화 사회를 의미하는 것이 아니다. 정보화 사회를 살아가기 위해서는 반드시지식이 필요하다. 지식의 바탕 위에 정보를 받아들여 새로운지식을 만들어야 하는 것이다. 지식 사회란 지식에 무한정접근할 수 있는 사회가 아니라 정보화 사회에서 정보를 활용하여 부단히 지식을 쌓아야 하는 사회라는 뜻이다.

그런데 우리가 컴퓨터를 대하는 방식은 어떤가? 지식이있든 없든 무조건 정보를 찾아내려고 하지 않는가? 당장 알고 싶으니 일단 찾고 봐야 한다고 생각하지 않는가? 화제가되고 있는 경제 용어나 금융 용어가 있으면 간단히 검색해서

"그렇구나, 그런 뜻이었구나." 정도로 끝내지 않는가? 목적도 없이 여러 사이트에 들어가 흥미성 기사를 읽고 "음, 그렇군." 하고는 다른 사이트를 클릭하지 않는가?

이런 식의 검색은 단편적인 정보만을 받아들일 수 있을 뿐, 그 정보를 토대로 자기 나름대로 추리하거나 판단을 내릴 수가 없다. 이는 정보를 받아들이는 데만 만족하고 있기 때문이다. 다시 말해 애초부터 '배우려는' 마음이 없었던 것이다. "이건 어떤 의미일까?"라는 의문을 갖고 자신의 지식으로 정리하려는 의도도 없었다. 이런 경우 아무리 많은 정보를 수집한다 해도 그 정보가 온전히 자신의 지식이 되지는 않는다.

정보화 사회에서는 적당한 긴장감을 갖고 살아야 한다. 자칫 방심하면 우리는 지식으로부터 멀리 떨어져나갈 수 있다. 자신이 무지하다는 사실도 모른 채 단편적 정보나 흥미성 기사나 읽고 그것이 지식의 전부라고 착각하면서 지내게 되는 것이다.

TIP **지식이 없으면 정보를 이해할 수도 활용할 수도 없다.**

컴퓨터 정보에는
밑줄을 칠 수 없다!

컴퓨터는 대량의 정보를 저장할 수 있으므로 폴더를 만들어 정보를 정리해 두면 언제든 신속하게 활용할 수 있으리라고 생각하기 쉽지만 꼭 그렇지만은 않다.

데이터나 정보를 정렬하거나 분류하는 것을 '소트soft'라고 부르는데, 정보를 이해할 수 있는 어느 정도의 지식이 없으면 소팅을 하기가 어렵다.

책 한 권을 읽는다고 가정해 보자. 책 속에는 많은 정보가 들어 있다. 중요한 정보와 주제와 관련이 없는 정보, 주변적인 화제, 혹은 저자의 추론까지 모조리 한 권의 책 속에 담겨 있다.

책의 주제에 대해 기초적인 지식이 없는 사람은 우선 책을 끝까지 읽지 않으면 안 된다. 한 번 다 읽고 나서 전체 요지를 파악한 다음 자신에게 필요하다고 여겨지는 부분을 다시 한 번 정독하게 된다.

이때 빨간 펜이나 파란 펜으로 밑줄을 친다. 중요한 정보를 머릿속에 넣거나 뼈대를 파악해 전체적인 이해를 돕기 위해서이다.

처음 읽을 때는 밑줄을 치기가 쉽지 않다. 기초 지식이 없기 때문에 핵심을 제대로 파악할 수 없어서 어느 페이지나 밑줄투성이가 된다. 속단해서 중요하지 않은 부분에 밑줄을 그을 때도 있다.

밑줄을 그을 때는 처음 읽을 때와 나중에 읽을 때 색을 구별해서 사용하라든가, 통독을 하고 밑줄을 칠 때는 두 번 이상 읽고 나서 하라든가 하는 말들이 있는 것도 무분별하게 밑줄을 긋는 것을 방지하기 위해서이다.

밑줄 치는 작업은 한 권의 책 정보를 소트하는 일이기도 하다. 소팅은 100가지 정보 중 중요한 10가지 정보만을 즉시 추려낼 수 있도록 하는 정렬 작업이기 때문이다. 두 번, 세 번 읽는 동안 새롭게 발견한 정보가 있으면, 색깔이 다른 펜으로 밑줄을 칠 것이다. 이해도에 따라 소트도 달라진다는 뜻이다.

컴퓨터에 단순히 정보를 저장하는 것만으로는 이런 소트를 할 수 없다. 아무리 폴더에 정보를 저장해도, 이는 그저 저장일 뿐 정보를 이해하는 데 도움을 주지는 못한다. 책으로 말하자면, 한 번 책을 읽기는 했으나 어디에 밑줄을 그어야 할지 판단할 수 없는 상태에 있는 것이다.

▶ **TIP** **단순한 저장은 정보를 이해하는 데 도움을 주지 못한다.**

컴퓨터 시대야말로
분야별 입문서가 꼭 필요하다   정보를 정리하기 위해서는 지식이 필요한데, 이 지식은 닥치는 대로 정보를 수집한다 해서 내 것이 되는 것은 아니다. 이때 필요한 것이 기초 수준의 입문서이다. 소트를 위한 기초 지식을 숙지한 다음에 밑줄을 정확하게 칠 수 있다.

입문서는 어느 분야에나 있다. 아주 쉬운 왕기초에서 수준 높은 입문서까지 두루 있다. 어떤 분야이건 서점에 가서 찾아보면, 자신에게 맞는 입문서를 발견할 수 있을 것이다. 그 입문서를 구입해 늘 가까이에 두고 틈 날 때마다 펼쳐 봐야 한다.

경제, 정치, 과학, 교육, 복지, 환경 문제 등 어떤 주제든 자신이 정보를 수집해 공부하고 싶다면, 먼저 입문서를 읽고 개요를 이해해야 한다. 컴퓨터 검색엔진을 이용해 정보를 수집하는 일은 그 뒤에 해도 늦지 않다.

IT용어나 경제 용어처럼 계속해서 외국어나 알파벳 약어가 나올 경우에는 아담한 사전을 가까이에 놓아두고 참조하는 것이 효과적이다. 이 경우에도 다양한 분야를 총망라한 두꺼운 사전보다는 특정 분야로 세분화된 용어 사전이 사용하기 편리할 것이다.

'분야를 세분화한다'는 말에는 중요한 의미가 있다. 이 책 첫머리에서 제언했듯이, 컴퓨터를 정보 수집을 위한 도구가 아닌 정보 정리를 위한 도구로 재평가하기 위해서는 세분화된 사전을 볼 필요가 있다.

이해하지 못한 정보나 잠시 흥미를 느꼈다가 금세 잊어버리는 정보는 아무리 수집해도 의미가 없다. 그야말로 시간 낭비이며, 컴퓨터에 휘둘리는 것일 뿐이다.

우선 자신이 알고 싶은 분야나 공부하고픈 분야의 입문서를 갖추고 기본 지식을 익혀야만 한다. 이 단계까지는 컴퓨터가 필요 없다. 컴퓨터는 워드프로세서를 이용해 공부한 내용을 정리해 보거나, 키워드 해설을 자신의 말로 바꾸어보고 잡기장을 만들어 폴더에 저장할 때 이용된다. 인터넷으로 정보를 수집할 필요는 전혀 없다.

🔻TIP **입문서로 기본 지식을 익힌 다음 공부한 내용을 컴퓨터에 정리하고 저장해야 한다.**

한순간에 사라지는 정보보다
몇 번이고 다시 읽을 수 있는 정보가
도움이 된다

전에 어느 저명한 재계 인사와 이야기를 나눌 기회가 있었다. 꽤 나이가 드신 분이었는데, 화제도 풍부했고 특히 국제정세에 대한 감각이 날카로웠다. 나는 깜짝 놀라며 "특별한 정보원이라도 두고 계십니까?" 하고 물었다.

그분은 대수롭지 않다는 듯이 대꾸했다.

정보화 사회에는
입문서가 중요해진다

"신문을 구석구석 꼼꼼히 읽으면 알 수 있습니다. 무리해서 여기저기에서 필요 없는 정보를 모아오기보다는 현재 가지고 있는 정보를 제대로 이해하는 것이 더 중요합니다."

나는 맞는 말이라고 생각했다.

사람들은 대체로 어느 정도 나이가 들면, 업무상 필요하지 않는 한 인터넷이나 컴퓨터를 사용하지 않는다. 나이 든 사람들은 필요한 정보를 신문, 잡지와 같은 인쇄 정보에서 얻는다. 그것만 읽어도 시사적인 정보를 이해하고 습득하는 데 아무런 문제가 없다. 매일 컴퓨터를 사용하지 않으면 초조해지는 사람이나 집에서 늘 인터넷에 접속해 정보 검색을 하는 사람은 수긍하지 않을지도 모른다. 그러나 정보화 사회가 곧 인터넷 사회를 뜻하는 것은 아니다.

정보량은 문제가 아니다. 자신에게 필요하고 도움이 되는 정보를 수집하며 그 정보를 토대로 추리하고 판단하는 것이 중요하다. 그래서 앞에서 언급한 재계 인사가 말했듯이, 필요하지 않은 많은 정보를 수집해 정보를 소화하지 못하는 것보다는 당장 손에 쥐고 있는 정보를 이해하고 내 것으로 만드는 것이 우선인 것이다.

이런 사실을 깨닫는다면, 지식이 불충분할수록 신문이나 잡지와 같은 인쇄 정보가 인터넷보다 더 도움이 된다는 사실을 알게 될 것이다. 인쇄 정보는 생각할 시간을 더 많이 확보할 수 있기 때문이다. 반복해서 읽을 수 있고, 모르는 용어는 사전에서 찾을 수 있다. 여러 개의 기사와 해설을 나란히 펼쳐놓고 읽을 수도 있고 그 정보의 의미를 곰곰이 생각하면서 곱씹을 수도 있다. 즉, 인쇄 정보는 인터넷 정보에 비해 한정되어 있는 만큼 이해하기 쉽다는 이점이 있다.

입문서도 마찬가지이다. 포스트잇을 붙이거나 밑줄을 침으로써 확실하게 기억할 수 있고, 읽고 싶은 정보를 금방 찾아낼 수도 있다. 기억이 나지 않을 때는 책장을 펼치기만 하면 된다. 그러나 인터넷 정보에는 이 같은 유연성이 없다.

TIP 많은 정보를 모으기보다는 현재 가지고 있는 정보를 제대로 이해하는 것이 더 중요하다.

정보 수집은
아날로그로 해도
상관없다

평소 인터넷으로만 정보를 수집
하는 사람은, 신문이나 잡지의
기사는 당장의 가치로 따져봤을
때 그 가치가 적으며, 해설은 표면적인 것밖에 없고 마땅한
이야깃거리도 안 된다고 생각한다.

뉴스처럼 가치 높은 정보는 인터넷에서 계속 갱신되는 최
신 정보를 얻을 수 있다. 그러나 시시각각으로 바뀌는 정보
를 그때그때마다 수집하는 것은 무의미하다. 프로야구나 축
구 시합의 진행 상황을 즉시 알고 주가 변동을 바로 알 수 있
다 해도 그 정보를 일에 반영하지 않는 한 그것은 시간 낭비
일 뿐이다.

잡다한 인터넷 정보는 그야말로 옥과 돌이 무질서하게 섞
여 있는 옥석혼효玉石混淆의 상태에 있다. 무수히 많은 사람
들이 검색엔진에 의지해 이 옥석혼효 상태에 있는 정보에 접
근하고 있다. 물론 그리 신뢰할 만한 정보의 세계는 아니다.

예를 들어보자. 홈페이지나 블로그를 운영하는 사람들은
화제가 되는 사건이나 키워드를 제목으로 글을 써서 올리면

방문자 수가 크게 증가한다는 사실을 알고 있다. 그만큼 많은 사람들이 인터넷을 이용해 닥치는 대로 정보를 찾고 있다. 이런 경우 사람들은 홈페이지나 블로그에서 찾은 기사에 만족할까? 그렇지 않은 경우가 많다. 검색한 기사를 열어보면서, "뭐야, 내용이 이것뿐이야?" 하며 실망하는 사람들을 주위에서 자주 접할 것이다.

그러나 아날로그에서 정보를 찾을 때는 이런 실패의 우려가 없다. 물론 신문이나 잡지 기사에도 편협한 의견이나 억측이 있다. 그러나 주로 객관적인 데이터를 토대로 쓰기 때문에 꼼꼼히 읽으면 자기 나름의 의문점을 발견하거나 추리를 시도할 수 있다. 이렇게 아날로그 정보는 그 정보를 읽고 받아들이면서 자연스럽게 사고하는 과정을 거칠 수 있다.

디지털 정보, 즉 인터넷 정보를 찾을 때 맨 처음 눈에 들어오는 것은 검색 화면에 무수히 떠 있는 수많은 제목들이다. 사람들은 그중에서 자신이 찾는 정보를 찾으려 빠르게 눈을 여기저기로 움직인다. 조금 읽어보다가 별게 아니다 싶으면, 바로 다음 정보로 넘어간다. 재미있는 기사를 읽다가도 더 구미가 당기는 기사가 어디엔가 있을 것 같아 마음은 조급해

정보화 사회에는
입문서가 중요해진다

진다. 정보가 옥과 돌이 마구잡이로 섞여 있으니 꼭 보물찾기를 하는 듯한 기분이 든다. 그러나 과연 보물을 찾을 수 있을까?

들인 시간에 비해 얻은 정보의 양은 터무니없이 적을 것이다. 단편적인 정보만 머릿속에 남게 되고, 그것마저도 거의 쓰레기 정보에 지나지 않는 경우도 많다.

TIP 아날로그 정보는 그것을 읽고 받아들이면서 자연스럽게 사고하는 과정을 거친다.

인터넷 정보에 의존하면
결국 사고할 수 없게 된다

요즘 학생들은 인터넷을 이용해 아주 손쉽게 리포트를 쓴다. 내용을 그대로 복사해서 갖다 붙이는 것인데, 이런 카피 행위는 어제 오늘의 일이 아니다.

리포트를 읽는 사람은 인터넷 정보를 그대로 베낀 것인지 아닌지 금방 알 수 있다. 인터넷 정보는 대체로 시시하고 상투적인 내용으로 채워져 있기 때문이다. 아무리 리포트 형식에 공을 들이고 최신 데이터를 포함시켜도 그 정보는 누구나 이용할 수 있는 정보이다. 리포트 작성자의 설명이나 관점이 평범하면 결론도 평범하다. 게다가 비슷한 논지의 리포트가 여럿 제출될 것이므로 그대로 복사해 왔다는 것을 알아채는 것은 어렵지 않다.

여기서 무엇보다 더 큰 문제는 학생 스스로의 관점이 없다는 것이다. 학생들은 대체로 기존에 있는 정보를 그대로 복사해 붙일 뿐, 정보를 정리하고 분류하거나 전체를 재구성하는 일을 하지 않는다. 그런데 학생들은 이런 허술한 리포트를 작성한 것만으로도 공부했다는 기분을 느낀다. 인터넷으로 검색해서 정보를 수집하고 좀 더 그럴듯하게 따다 붙여서 정보를 정리한 다음 형식에 맞춰 리포트를 완성했으니 정보를 활용한 셈이다. 하나의 과제를 완성했다는 우쭐한 기분이 들 수도 있다.

실제 그럴까? 그 학생은 자신의 생각이나 관점은 전혀 파고들지 않았다. 정작 전달해야 할 것을 지나친 것이다. 결과적으로 공부한 것은 아무것도 없다.

정보화 사회에는
입문서가 중요해진다

업무에서도 마찬가지다. 컴퓨터는 파일에 도표나 사진을 넣을 수 있고 레이아웃을 자유자재로 바꿀 수 있기 때문에 기획서나 파워포인트를 이용한 프레젠테이션처럼 데이터나 정보를 시각적으로 처리하는 작업에 제격인 것이다.

그러나 중요한 정보 수집을 인터넷에 의존해 버리면, 학생 리포트와 마찬가지로 아무 생각 없이 정보만을 그대로 복사하는 일에만 머물 것이다. 작업자는 일을 한 것처럼 느끼겠지만, 정보를 이해하고 스스로 정리와 분류를 하지 않으면 일을 통해 지식으로 만든 것은 아무것도 없다. 이런 식으로 업무를 처리하면 차분하게 앉아 아무리 기다려도 배울 기회는 오지 않는다. 업무상 성장을 기대할 수 없다는 것이다.

TIP **스스로 정리하고 분류하지 않고 무작정 정보를 수집하기만 하면 얻는 것은 아무것도 없다.**

인터넷에 접속하지 않아도
컴퓨터는 도움이 된다

정보를 취사선택하거나 이해하기 위해서는 우선 스스로 공부해서 지식을 내 것으로 만들어야 한다. 이를 위해서는 옥석혼효의 상태에 있는 수많은 인터넷 정보보다 한 권의 입문서나 신문과 같은 아날로그 정보를 꼼꼼하게 읽는 편이 좋다.

입문서나 신문, 잡지가 있으면 컴퓨터는 필요 없다는 말은 아니니 오해하지 말기를 바란다. 이 책의 첫머리에서 말했듯이, 컴퓨터만큼 정보 정리를 위한 도구로서 믿음직한 것은 없다.

우선 컴퓨터를 사용하면 누구나 쉽게 글을 쓸 수 있다. 여기서 말하는 글이란 기획서처럼 형식이 요구되는 글에서부터 소설이나 시나리오, 업무나 공부에 관한 리포트, 놀이나 여행 계획같이 내 맘대로 쓸 수 있는 글까지 모든 종류의 글을 의미한다. 어쨌든 컴퓨터만 있다면 모든 글을 자유로운 형식으로 작성할 수 있다.

정리하거나 분류하는 것은 물론 저장하는 것도 간단히 처리할 수 있다. 메모리 카드를 이용하면, 작성하던 글을 언제 어디서나 휴대하고 다닐 수 있다.

그러나 새삼스러운 것은 아니지만 실제로는 그 이전 단계에서 많은 사람들이 발목을 잡힌다. 글의 정리, 분류, 저장에 앞서 인터넷 단계에서 휘둘리는 것이다.

자신의 집에 전용 컴퓨터를 갖고 있는 사람은 인터넷에 접속되지 않는 컴퓨터는 그저 워드프로세서에 지나지 않는다고 생각할 것이다.

이런 사고방식을 우선 바꿔보는 것은 어떨까?

기본적인 지식만 있다면 인터넷으로 정보를 수집하는 작업 역시 훨씬 효율적으로 이루어진다. 내용을 키워드로 압축해 필요한 정보만을 수집할 수 있고 이 같은 정보를 정리해 저장하는 일도 금방 할 수 있다.

지금까지 정보의 이해와 정리에 실패했던 이유는 모두 '우선 인터넷으로'라는 선입관을 갖고 있었기 때문은 아닐까?

TIP 컴퓨터는 정보 정리를 위한 최적의 도구이다.

**정보를 이해하고
습득하는 데 나침반과
같은 입문서**

인터넷에서 수집할 수 있는 정보는 광범위하지만, 입문서는 그 분야의 기본

지식만을 다룬다. 사람에 따라서는 "이런 내용은 누구나 알고 있는 거 아냐?"라든가 "지금 이런 책을 읽으면 시대에 뒤처져 다른 사람들과의 대화에 끼지도 못하는 건 아닐까?" 하고 불안감을 느낄 수도 있을 것이다.

그 같은 불안감은 쓸데없는 것이다. 인터넷 정보의 대부분은 얼마 못 가는 짧은 화젯거리에 지나지 않기 때문이다. 석유 문제든 환경 문제든 검색엔진 창의 상단에 올라와 있는 기사는 그만큼 최근에 집중적으로 조회된 정보이다. 이러한 정보는 분명 다른 사람과의 대화를 풍부하게 해주는 화젯거리가 되지만 그 주제나 분야에 대한 기본 지식을 습득하게 해주지는 않는다.

예컨대 휘발유 가격이 치솟았을 때, 어느 지역에 있는 주유소의 휘발유 가격이 저렴한지는 인터넷을 통해 알 수 있을 것이다. 그러나 앞으로 석유 문제가 어떻게 흘러갈 것인가와

같은 예측이나 어떤 대책이 강구될 것인가와 같은 판단은 인터넷의 정보만으로는 알 수가 없다. 국제 정세나 에너지 문제, 환경 문제에 대한 각국의 대처 방안 등 폭넓은 분야의 기본 지식이 있어야 자신의 말로 설명할 수 있을 것이다.

기본 지식을 익히는 일은 어렵지 않다. 기본 지식은 부랴부랴 익힐 필요가 없다. 한 분야의 토대가 되는 기본 지식은 5년, 10년이 지나도 낡아지지 않으며 가치가 없어지는 일은 없기 때문이다.

한 분야를 공부하기 위해서는 다른 분야의 지식이 필요하다. 치솟은 휘발유 가격이 모든 분야에 영향을 미치듯이, 경제가 글로벌화되면서 각각의 분야가 거미줄처럼 복잡하게 얽히게 되었다. 기본 지식 없이 다양한 분야의 최신 화제만을 수집하는 사람은 그 정보에 휘둘릴 뿐이다.

입문서처럼 기본 해설이 잘되어 있는 책이 있다면, 모르는 내용이 있을 때 그 입문서를 찾아보면 된다. '나는 이 분야의 지식이 부족하구나'라고 느꼈을 때는 입문서를 가까이에 두고 사전 대신에 사용할 수 있다. 어떤 정보나 지식을 이해하고 습득할 때 입문서가 방향을 가리키는 나침반 역할을 해주는 것이다.

인터넷을 조회할 때 느긋하게 대비하면서 정보를 취사선택할 수 있어야 한다. 이런 것을 가능하게 해주는 것이 입문서와 같은 아날로그 정보이다. 이 아날로그 정보를 유용하게 사용할 수 있는 사람만이 거대한 인터넷 정보의 파도에 휩쓸리지 않을 수 있다.

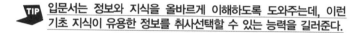

입문서는 정보와 지식을 올바르게 이해하도록 도와주는데, 이런 기초 지식이 유용한 정보를 취사선택할 수 있는 능력을 길러준다.

왜 정보화 사회일수록
입문서와 같은 아날로그 지식이 중요한가?

1. 정보를 분류하고 정렬하는 소트를 하기 위해서는 기초 지식이 필요하다. 기초 지식이 없으면 정보를 제대로 이해할 수 없을 뿐만 아니라 그 정보가 도움이 되는지 아닌지도 알 수 없다. 기초 지식을 얼마나 갖추고 있느냐에 따라 소트의 수준도 달라진다. 이런 **기초 지식을 쌓기 위해 가장 필요한 것은 인터넷 정보가 아닌 입문서다.**

2. 정보 수집을 인터넷에만 의존해 버리면 아무 생각 없이 정보만 그대로 복사하게 된다. 자신의 생각이나 관점은 전혀 파고들지 않는 것이다. 입문서와 같은 인쇄 정보는 읽고 생각할 시간이 있기 때문에 **정보를 추리하고 판단할 수 있는 능력을 길러준다.**

3. 입문서를 통해 해당 주제와 분야에 대한 기본 지식을 쌓으면 어떤 내용이라도 단편적 정보가 아닌 **폭넓은 시각으로 이해하고 설명**할 수 있다.

4. 기본 지식 없이 다양한 분야의 최신 화제만을 수집하면 그 정보에 휘둘리게 된다. **어떤 정보나 지식을 이해하고 습득할 때 입문서는 방향을 잡아주는 나침반**과 같다.

02

꿈을
이뤄주는
컴퓨터의
정보 정리 기능

**컴퓨터의
뛰어난 정보 정리 기능을
썩히고 있지 않은가?**

이 장에서는 인터넷을 사용하지 않아도 컴퓨터는 그 자체가 탁월한 능력을 지니고 있다는 사실에 대해 알아보려 한다.

내가 정신의학 공부를 시작할 당시만 해도 컴퓨터는 다루기 힘든 도구였다. 한 번은 논문을 정리하는 데 컴퓨터를 활용하려 했다. 논문 정리라는 것이 번거롭게 손볼 일이 많았기 때문에 논문을 컴퓨터 하드디스크에 저장하려 했던 것이다. 그러기 위해선 논문을 스캔해서 저장해야 했는데 문제는 스캔을 하는 데 드는 시간이었다. 걸리는 시간이 만만치 않았다.

스캔을 겨우 마치고 하드디스크에 저장하자, 양이 많지도 않았는데도 금세 하드디스크 용량이 꽉 차버렸다. 나는 다시는 이런 고생은 하지 않겠다며 컴퓨터에 대해 진저리를 쳤다. 불과 10년 전에 나온 컴퓨터인데도 하드디스크의 용량은 몇 기가바이트밖에 되지 않았던 것이다.

그런데 지금은 어떤가?

스캔 속도가 매우 빨라졌다. 신문을 스크랩하든가 복사해서 파일에 보관하는 작업도 전혀 필요 없다. 기사를 스캔해 컴퓨터 본체나 외장 하드디스크에 저장하면 된다.

물론 이 같은 발전과 함께 인터넷이 발달하면서 컴퓨터의 정보 저장과 정리의 폭이 비약적으로 넓어졌다. 신문기사 스캔도 유료 사이트를 이용하면, 몇 십 년 전의 뉴스와 정보도 검색할 수 있다. 중요한 기사는 제목을 붙여 파일로 저장하면 언제든지 볼 수 있다.

안타깝게도 이 같은 컴퓨터의 기능을 잘 알면서도 이를 십분 활용하는 사람은 많지 않다. 대부분의 사람들에게 컴퓨터는 인터넷을 연결하는 도구에 불과하다. 방대한 정보를 그때그때 기분에 따라 뚜렷한 목적 없이 수집해 그중에서 마음에 드는 정보를 정리도 하지 않고 그냥 저장해 둔다. 이런 식으로 하드디스크의 용량을 꽉 채우는 것이다. 이는 훌륭한 재

꿈을 이뤄주는
컴퓨터의 정보 정리 기능

능을 발휘하지 못하고 썩히는 것과 다르지 않다.

인터넷에서 정보를 수집하는 것은 휴대전화로도 가능하다. 컴퓨터는 그 이상의 기능을 가지고 있는 마법의 상자이다. 어떤 도구도 따라올 수 없는 뛰어난 정보 정리 기능이 내재되어 있다는 점을 언제나 기억해야 할 것이다.

TIP 컴퓨터의 정보 저장과 정리 기능이 발전하면서 이제는 과거의 뉴스도 검색할 수 있을 뿐만 아니라 파일로 저장할 수 있게 됐다.

컴퓨터 DVD의 기능을 이용해
영화 감독이 되는 훈련을 했다

2007년에 나는 첫 영화 『수험의 신데렐라』를 만들었다. 이 영화에 대해서는 이곳저곳에 글을 기고했고 취재 요청에도 응했다. 나는 이 영화가 모든 면에서 컴퓨터의 위력을 최대한 활용한 작품이라고 생각한다. 처음으로 감독한 작품이었지만 컴퓨터와 디지털 기술에 도움을 받아 큰 무리 없이 완성할 수 있었다.

그 이야기를 좀 더 구체적으로 말하고 싶다. 그전에 한 가지 강조하고 싶은 것이 있다면, 내가 컴퓨터 덕분에 영화를 감독하는 것을 충분히 '예습'할 수 있었다는 점이다.

나는 고등학교 2학년 때 영화에 빠졌다. 대학 입시 공부를 해야만 하는 3학년 때 틈틈이 300편 정도의 영화를 보았다. 대학에 입학해서는 영화에 더욱 열중해 8밀리 및 16밀리 영화에 도전했다가 좌절하기도 했다.

30년이 지나고 본격적으로 영화를 만들어보겠다고 결심했을 때, 내가 처음으로 한 일은 컴퓨터로 수많은 DVD를 보는 것이었다. 좋아하는 영화를 닥치는 대로 보면서 어떤 영화의 어떤 장면이 인상적이었는지를 철저하게 예습했다.

그때 느낀 것이지만 DVD는 많은 영화를 부분적으로 감상할 때 안성맞춤이다. 보고 싶은 장면만을 바로 재생시킬 수 있고, 도중에 다른 영화를 볼 수도 있다. 비디오는 그런 기능이 없다. 더구나 다 본 후에는 되감기를 해야 한다. 일상 업무를 하며 틈틈이 영화를 보는 데에는 DVD가 제격이었다.

영화 촬영이 시작되기 전까지 컴퓨터 DVD로 모든 영화를 섭렵했다. 즐기기 위해서라기보다 어디까지나 예습 차원에서였다. 어떤 장면이 보는 사람을 매료시키는지를 알기 위해 나는 실제로 촬영 현장에 나가 있다고 생각하며 흘러가는 장면들을 일일이 점검하듯 거듭해서 보았다.

이 경험은 큰 도움이 되었다. 촬영에 들어갔을 때, '여기는 이렇게 찍고 싶다'든가 '이런 컷을 넣고 싶다'는 아이디어가 머릿속에 바로바로 떠올랐기 때문이다. DVD로 예습을 한 덕분에 자기만족이 아닌, 관객이 보는 눈으로 연출을 할 수 있었고 영상을 편집할 수 있었던 것이다.

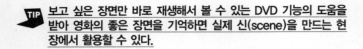

TIP 보고 싶은 장면만 바로 재생해서 볼 수 있는 DVD 기능의 도움을 받아 영화의 좋은 장면을 기억하면 실제 신(scene)을 만드는 현장에서 활용할 수 있다.

디지털 영상은
그 자리에서 확인할 수 있다

이번 영화 촬영에서는 SD 메모리 카드를 쓰는 디지털카메라를 사용했다. 과거 8밀리와 16밀리 필름으로 촬영했던 내게 이 디지털카메라는 카메라의 혁명과 같았다.

우선 기계적인 마모가 전혀 없다. 필름이 돌아가지 않으니 소리도 전혀 들리지 않는다. 첫 촬영 때 카메라가 익숙하지 않아 당황했는지 프로 카메라맨조차도 스탠바이 모드인 채로 카메라 버튼을 눌러야 한다는 사실을 잊고 있었다. 그런 상태로 촬영에 들어간 적도 있었는데, 이런 작은 사고를 제외한다면 디지털카메라는 만지기도 편하고 기계적인 말썽도 적다. 이런 점은 디지털카메라의 큰 장점이라 할 수 있다.

무엇보다도 디지털카메라의 가장 편리한 점은 재생을 그 자리에서 할 수 있다는 점이다. 모니터를 들여다보기만 하면 어떤 상태로 영상이 나왔는지 바로 확인할 수 있다.

가정용 디지털 비디오카메라를 사용했던 사람은 당연히 알고 있겠지만, 신출내기 감독이었던 나는 놀랄 만한 디지털카메라의 성능에 마음이 든든했다.

과거에는 촬영 중에 영상이 어떻게 나오는지 알 수 없었다. 촬영이 시작되기 전에 카메라맨의 프레임을 보고 확인하거나 촬영 중에는 앵글을 보고 상상만 할 수 있었다. 그건 어디까지나 상상일 뿐이다.

그런데 디지털카메라를 사용하자 모니터 화면으로 촬영

꿈을 이뤄주는
컴퓨터의 정보 정리 기능

장면을 바로바로 확인할 수 있었다. 영상을 완벽하게 파악해 장면 하나하나의 완성도를 높일 수 있었던 것이다. 연출도 그 자리에서 정확하게 이루어질 수 있다. 영상을 보면서 구체적인 지시를 내릴 수도 있다.

디지털카메라는 경비도 절감해 주었다. 필름이 아닌 SD 메모리 카드를 사용하기 때문에 촬영이 끝난 장면scene을 하드디스크에 저장해 두면, 얼마든지 다시 사용할 수 있었다.

과거 16밀리 영화를 찍었을 때는 필름 값이 비싸서 마음 대로 찍다 보면 필름 구입할 자금이 바닥 나기도 했다. 반면 SD 메모리카드는 헛된 노력이 될지 몰라도 찍고 싶은 장면을 마음껏 촬영할 수 있었다. 한정된 예산 안에서 경험이 부족한 내가 스트레스를 받지 않고 찍고 싶은 장면을 실컷 찍을 수 있었던 것은 바로 디지털 기술 덕분이었다.

TIP **디지털카메라는 촬영한 것을 그 자리에서 바로 확인할 수 있고, 찍고 싶은 장면을 마음껏 찍을 수 있기 때문에 영상의 완성도를 높여준다.**

컴퓨터로 '영화 편집'까지
자유자재로 한다

이번 영화에서 나는 대부분의 장면을 마스터 신master scene이라고 부르는 기법으로 촬영했다. 카메라맨에게 레일 같은 카메라 이동 기기를 사용해 한 장면one scene에 한 컷 one cut으로 단숨에 촬영하도록 한 것이다.

그리고 어떤 장면이든 카메라를 한 대 더 준비해 '피사체를 먼 거리에서 잡는' 컷을 찍었다. 클로즈업과 롱 쇼트를 항상 병행해 촬영했던 것이다. 거기에다 두 사람이 마주 보고 있는 장면에서는 각 인물마다 카메라를 들이대 클로즈업 장면을 찍었다. 어떤 장면, 어떤 컷이든 항상 네 종류의 앵글로 촬영해 마지막에 편집할 때 그중에서 좋은 영상을 선택하도록 한 것이다.

이 단계에서 컴퓨터가 위력을 발휘했다. 네 종류의 영상을 퀵 타임Quick Time 파일에 저장하고 모니터를 보면서 이 영상들을 연결해 가자, 편집이 아주 순조롭게 진행되었던 것이다. 좋은 컷이 있으면 "이 컷, 좀 더 길게 사용하자."라든가 지루하다고 느껴지면 "이 컷은 짧아도 돼."라든가 "이 장면을 다른 앵글로 찍어둔 거 없나?"와 같은 식으로 영상을 이어 붙였기 때문이다.

이렇게 컴퓨터로 편집한 디지털 영상을 마지막에는 35밀리 필름으로 인화했는데, 고맙게도 이마지카 현상소에서는 아주 좋은 필름을 사용해 주었다.

촬영은 디지털로 해도 마지막 완성본은 아날로그가 된다. 아무리 시대가 바뀌어도 영화의 매력을 극대화시켜 주는 것은 역시 필름이다. 덕분에 영화 대부분의 장면을 디지털카메라로 촬영했다는 사실을 눈치채는 사람은 없었다. 디지털 영화가 훌륭한 필름 영화로 변신한 것이다.

물론 이 같은 촬영 방법을 비판적인 시각으로 바라보는 사람도 있을 것이다. 기술적인 면을 중시하는 사람의 입장에서 본다면, 너무 합리적이고 재미없다고 느껴질지도 모른다.

하지만 시간적, 물리적인 제약 속에서 어떻게 하면 찍고 싶은 장면을 원하는 만큼 찍을 수 있을까 하는 점을 고려한다면 내가 활용한 방식이 낫다는 것을 알 수 있을 것이다. 나는 그 방식에 만족한다. 오히려 순수하게 찍고 싶은 장면만 찍을 수 있는 방법은 이것밖에 없지 않나 싶다. 본격적인 영화 제작은 처음이었지만 크게 불안해 하지 않고 무사히 끝마칠 수 있었던 것은 모두 컴퓨터의 덕분이었다.

TIP 디지털카메라는 모니터를 보면서 영상을 선택하고 이어 붙이기 때문에 편집이 편리하다.

정보 정리와 재배열도
자유자재로 할 수 있다

컴퓨터는 시나리오를 구상하는 단계에서도 도움이 되었다. 이번 영화에서는 시나리오 작가가 대강의 줄거리를 따라서 촬영할 장면의 시나리오를 집필했다.

그 시나리오를 놓고 나와 제작자, 조감독 등 몇 명의 스태프들이 모여 "이 장면은 이렇게 바꾸자."라든가 "이 부분은 리얼리티가 부족하니까 이렇게 하면 어떨까?"와 같이 의견을 교환해 고쳐 나갔다. 컴퓨터의 워드프로세서에 장면 별로 파일이 저장돼 있는 시나리오였기에 순서를 바꾸거나 대사를 고치거나 혹은 삭제하는 등의 작업을 그 자리에서 손쉽게 할 수 있었다.

시나리오 작가가 시나리오의 완성도에 자신 있었다 해도 이것을 고치는 것은 어렵지 않았다. 서로 의견을 교환해 내용이 달라지는 것은 드물지 않은 일이었는데, 내용을 변경한다 해도 그리 손이 많이 가는 작업은 아니었다. 최종적으로 확정된 시나리오가 바뀌는 경우도 있었다.

나는 컴퓨터의 최대 장점은 '한 번에 훌륭한 완성품을 만들 필요가 없어진 점'이라고 본다. 편집에서 그랬던 것처럼 영상을 이어 붙일 때도 소품의 길이나 종류를 자유자재로 바꾸고 짜맞춰서 여러 가지 패턴을 만들 수 있다. 계속 다듬어서 훌륭한 완성품에 근접하도록 만들면 되는 것이다.

이런 일이 가능한 것은 영상의 경우, 4종류의 디지털 영상을 컴퓨터에 저장해 모니터를 보면서 간단히 재편성할 수 있었기 때문이다. 한 번에 훌륭한 완성품을 만들지 않아도 된다는 사실은 촬영할 때 부담감을 덜어주었다.

내가 했던 촬영과 편집 이야기를 들은 어느 방송국 프로듀서는 "요즘에는 헐리우드에서도 그런 식으로 촬영합니다."라고 말해 주었다. "그래 봤자 의사가 심심풀이로 하는 취미

생활인데 뭐."라든가 "초보자가 제대로 된 영화를 어떻게 찍겠냐?"라는 냉소적인 의견도 있었다. 그러나 결과적으로 내 작품은 해외 영화제인 모나코 국제 영화제에서 그랑프리에 해당하는 최우수작품상을 받았고, 많은 사람들에게 호평을 들었다. 나는 이 모두가 컴퓨터 덕분이라고 생각한다.

'한 번에 훌륭한 완성품을 만들 필요가 없다'는 사실은 나 같은 '신출내기 감독'들이 흔히 가지고 있는 부담감을 없애 주었다. 기술적인 면에 치중하지 않아도 된다고 생각하니 자연히 내가 할 일은 오로지 좋은 영화를 만드는 일이라는 생각이 들었다. 영화 만드는 일 자체를 즐길 수 있었던 것이다.

TIP 컴퓨터의 최대 장점은 한 번에 완성품을 만들 필요가 없고 계속 다듬어서 완성품에 근접해 갈 수 있다는 점이다.

꿈의 '소재'가
될 만한 것은
우선 저장하자

컴퓨터의 정보 정리 능력은 일
과 공부뿐 아니라 꿈을 실현하
는 데도 큰 도움이 될 것이다.
내 경우에는 예습한다는 생각으로 좋아하는 영화 DVD를
섭렵했을 때가 그랬다. 차례차례로 인상적인 장면을 재생하
거나 '그 장면을 한 번 더 보고 싶다'는 생각이 들 때 바로 실
행할 수 있다는 점은, 내게 꿈이 언제나 곁에 있는 듯한 기분
을 느끼게 해주었다.

컴퓨터는 작은 상자에 불과하다. 책상 위에 놓아두고 언제
든 마주 대할 수 있는 상자이다. 그러나 이 상자를 열면, 곧
바로 자신의 꿈의 파편들을 불러낼 수 있다. 꿈을 이루기 위
한 정보나 데이터를 정리해 두면, 짧은 시간이라도 이를 불
러내 가공하고 꿈의 형태로 만들어갈 수 있다.

예컨대, 어려운 자격시험이나 국가고시를 준비하고 있는
사람은 공부의 진행 상황을 일지로 기록해 파일로 저장할 수
있다. 그날 문득 머릿속에 떠올랐던 것이나 의문스럽게 여겨
졌던 점은 전부 메모하고, 그 메모를 토대로 조사한 정보도

저장할 수 있다.

영화평론가가 꿈인 사람은 장르별로 폴더를 분류해 영화 기사나 정보를 저장할 수 있다. 저장한 정보는 영화평을 쓸 때 글의 내용을 보조해 줄 수 있는 자료가 된다.

리포트와 노트도 과목별이나 항목별로 정리해 두면, 책상 앞에 앉는 순간 곧바로 공부를 시작할 수 있다. 참고서 내용, 잡지나 텍스트의 목차도 모두 목록으로 만들어 저장해 두면 자신이 찾고자 하는 내용이 어느 자료에 실려 있는지 금방 알 수 있다.

그 같은 일들은 모두 컴퓨터가 아니어도 할 수 있다. 그러나 책상 위에 놓인 작은 상자에 이런 모든 정보가 정리되어 있다는 사실은 멋진 일이다. 간단한 키보드 조작만으로 금방 꿈이 연속적으로 전개된다.

게다가 새로운 정보를 계속 추가해 나갈 수 있다. 컴퓨터가 없었다면 정보는 서류 상자와 책상 서랍 속에서 넘쳐났을 것이다. 컴퓨터의 도움으로 우리는 정보를 무한대로 저장할 수 있게 됐다.

'꿈의 소재가 될지 아닐지'를 곰곰이 따져보지 않아도 된다. "이건 사용할 수 없는 걸까?"라든가 "이걸 사용하려면 아직 멀었다."라고 미리 결정할 필요가 없다. 우선 파일로 저장해 두면 되는 것이다.

> **TIP** 컴퓨터에 꿈을 이루기 위한 정보를 저장하고 그 정보를 가공하면 꿈을 향해 한 발자국씩 나아갈 수 있다.

대충 정리해도
컴퓨터는 금방 찾는다

외장 하드디스크나 메모리 카드까지 포함시킨다면, 지금의 컴퓨터는 무한대라고 할 만큼 용량이 커졌다. 필요할 것 같거나 도움이 될지도 모르거나 혹은 '흥미롭다'고 생각한 정보는 일단 저장해 두는 것이 좋다. 그렇다고 덮어놓고 대뜸 인터넷 정보를 저장하라는 뜻은 아니다.

제1장에서도 확인했듯이, 기초 지식도 없는 상태에서 무턱대고 인터넷을 이용하면 쓰레기 정보에 휘둘려 시간만 낭비하게 된다. 여기서 말하는 정보란 어디까지나 자신의 업무

나 공부, 혹은 꿈의 실현을 위해 수집하는 정보를 가리키므로, 당연히 이에 대한 기초 지식은 갖추고 있음을 전제한다.

이렇듯 기초 지식을 갖추고 있는 경우에 한해서는 조금이라도 흥미를 끄는 정보가 있으면 수집해도 좋다. 그렇다고 전부 읽어서 이해할 필요는 없다. 이 단계부터는 정보를 '버리는 기술'에 해당하므로, 이 기술에 대해서는 뒷장에서 자세히 설명하겠다.

어쨌든 기초 정보를 갖고 있다면, 기초적인 취사선택을 할 수 있다. 버릴지 말지 망설여질 경우에는 일단 저장하라는 말이다. 흥미롭다고 느꼈던 정보라도 시간이 지나면 기억하기 어렵기 때문이다.

"이 정보에 액세스하는 방법을 알고 있으니까 나중에 찬찬히 다시 읽어보자."

그 당시에는 이렇게 생각해도 얼마 지나지 않아 새까맣게 잊어버리는 경우가 있다. 인간은 망각의 동물이라는 사실을 잊어서는 안 된다. 인간의 정보 정리 능력은 아무리 노력한다 해도 컴퓨터를 따라잡을 수가 없으니, 스스로를 과신하지 말고 맡길 수 있는 것은 컴퓨터에 맡기는 편이 좋다.

꿈을 이뤄주는
컴퓨터의 정보 정리 기능

컴퓨터는 저장 장소만 결정해 두면 파일명을 붙여 저장하면 되기 때문에 대충 정리해도 찾아 쓰기가 어렵지 않다. 종이 자료나 종이 정보의 경우에는 그렇지 않다. 보관하고 있다는 것은 알고 있지만 여기저기 뒤지다 찾지 못하는 경우가 자주 있다. 정보를 잃어버리지 않는다는 면에서도 컴퓨터만큼 신뢰할 수 있는 도구는 없다.

> **TIP** 기초 지식을 가지고 있는 경우에 정보를 버릴지 말지 망설여지면 일단 저장하라.

**사진, 동영상,
음악 파일을 전부
정보로 정리할 수 있다**

컴퓨터가 대용량화되면서 지금까지 없었던 여러 가지 사용법이 등장하기 시작했다.

예를 들어 가정용 비디오카메라로 촬영한 영상을 컴퓨터로 편집해 제목을 붙이고 DVD로 복사해서, '홈시어터'로도 즐길 수 있다. 어린애가 있는 가정이라면 아버지들이 사용하기에 좋은 방법일 것이다. 이런 즐거움을 자신의 취미나 놀이, 혹은 꿈을 실현시키기 위해 활용하는 사람은 의외로 많지 않다.

최신 디지털 비디오카메라는 작고 사용하기 편하다. 한 손으로도 조정이 가능하기 때문에 어디든 휴대하고 다닐 수 있다. 여행을 즐기는 사람은 여행지나 출장지에서 접한 새로운 도시, 가게, 음식, 자연 풍경, 인물 등을 원하는 만큼 찍을 수 있다. 관심 있는 것이나 인상적인 것은 따로 모아서 각각의 주제로 편집할 수도 있을 것이다.

기차에서 도시락 먹는 것을 좋아하는 어떤 남자는 여행지에 가면 꼭 그 지방 특산물로 만든 도시락을 구입한다. 그리고 열차 안에서 먹기 전에 반드시 비디오카메라로 도시락을 찍어둔다. 자기 말로 설명하고 도시락 맛에 대한 감상도 덧붙여 녹음해 두면, 기차에서 먹는 도시락 포장지만 모으는 것보다 훨씬 즐거운 컬렉션이 될 것이다.

이런 경우, 디지털카메라를 사용하는 것이 더 편리하다. 외식할 때 자신이 주문한 요리를 디지털카메라로 찍어두고, 먹은 음식점의 상호와 함께 저장해 두면 일기로 기록해 두는

꿈을 이뤄주는
컴퓨터의 정보 정리 기능

것보다 편할 뿐 아니라, 점심 메뉴의 레퍼토리도 크게 늘어
날 것이다.

디지털카메라의 사용은 이 같은 취미나 일상적인 즐거움
에만 해당하는 것은 아니다. 자신의 가게를 열고 싶어하는
사람도 카메라를 목적에 맞게 편리하게 사용할 수 있다. 마
음에 드는 가게의 외관이나 인테리어를 디지털카메라로 찍
어서 저장하고 자신이 직접 그린 대강의 도면과 설계도도 스
캔해 둔다. 그러면 컴퓨터 안에서 자신의 계획이 점차 구체
화될 것이다.

그 밖에도 아이디어는 많다. 중요한 것은 지금의 컴퓨터는
용량이 큰 정보를 저장하고 정리할 수 있게 만들어졌다는 점
이다. 이를 적극적으로 활용해야 할 것이다.

TIP 디지털카메라를 사용해 필요한 사진이나 여타의 정보를 컴퓨터에
저장하면 컴퓨터 안에서 계획이 점차 구체화된다.

크게 분류한 폴더를
몇 개 만들어둘 것

뭔가를 자꾸 담으려 할 때는 용기가 클수록 좋다. 그러나 전체적인 공간을 고려했을 때는 사정이 달라진다. 큰 용기에는 많은 것을 담을 수 있기 때문에 용기는 크면 클수록 좋다고 생각하는 것은 잘못된 생각이다. 그렇게 되면 결국 잡동사니 상자로 전락해 버리기 쉽기 때문이다.

아이 방이 어질러져 있다고 해보자. 큰 장난감 상자와 수납 상자에 손에 잡히는 장난감들을 구분하지 않고 상자에 넣어버린다면, 이것을 정리한 것이라고 말할 수는 없을 것이다.

적당한 크기의 수납 상자를 마련해 그 상자에 들어가는 것만 선택해서 집어넣어야 한다. 다 들어가지 않는다면 불필요한 것은 없애고 크기에 맞는 것을 골라서 고루 집어넣어야 할 것이다. 엉망진창으로 쌓인 후에 한꺼번에 몰아서 정리하지 말고 귀찮더라도 그때그때 부지런히 정리해야 한다.

그러나 컴퓨터는 다르다. 부지런히 정리할 필요가 없다. 아이들 방을 비유해 말한다면, 컴퓨터에서는 아주 거대한 장난감 상자와 수납 상자를 몇 개씩 준비할 수 있기 때문이다.

그 상자에 계속 정보를 집어넣으면 되는 것이다. 다 들어가지 못하면, 새로운 수납 상자를 곧바로 준비할 수 있다.

다만 여기서 주의할 점이 있다. 수집한 정보를 파일로 저장할 때, 저장하는 폴더는 대충이라도 좋으니 따로 분류해 둬야 한다는 점이다. '업무' '취미' '놀이' '공부' '기타'와 같이 이름을 붙여 폴더마다 저장해 두는 정리 정도는 하는 편이 좋다.

그것마저 귀찮다면, 메모리 카드를 몇 개 준비해 각각 '놀이 전용'이나 '공부 전용' 등으로 정한다. 지금은 다양한 용량의 메모리 카드가 많이 출시되어 있으니 용도에 맞춰 구분해 사용하면 좋다.

이런 준비만 되어 있다면 컴퓨터는 아무리 많은 정보를 저장해도 뒤죽박죽 섞이는 일이 없다. 책상 위의 작은 상자 속에는 '주인님'의 꿈을 이루어줄 모든 정보가 언제든 꺼낼 수 있는 상태로 질서 정연하게 배열되어 있다. 그 이후는 '주인님'의 솜씨에 달렸다.

TIP **컴퓨터는 많은 정보를 분류해서 폴더에 간편하게 저장할 수 있다.**

컴퓨터를 정보 정리 도구로 사용할 때의 장점

1. **한 번에 훌륭한 완성품을 만들 필요가 없다.** 컴퓨터의 여러 가지 편리한 기능, 예를 들어 영상 편집 기능이나 문서 편집 기능 등을 이용하여 글이나 영화, 창작물을 계속 다듬고 보충하면 훌륭한 완성품을 만들 수 있다.

2. **컴퓨터에 저장한 정보는 찾아 쓰기가 쉽다.** 파일명만 붙이고 저장 장소만 정하면 언제든 어렵지 않게 찾을 수 있다. 정보를 잃어버리지 않는다는 면에서도 컴퓨터만큼 신뢰할 수 있는 도구는 없다.

3. 컴퓨터가 대용량화되어서 **방대한 자료를 저장할 수 있다.** 사진, 동영상, 음악 파일도 모두 정보로 정리할 수 있다.

4. 정보를 분야별이나 주제별로 분류해 폴더로 정리해 두면 아무리 **많은 정보를 저장해도 뒤죽박죽 섞이는 일이 없다.** 컴퓨터 속에는 필요한 정보가 언제든 꺼낼 수 있는 상태로 질서 정연하게 배열되어 있다.

03

정보를
버렸을 때
집중력이
생긴다

우리에겐 넘쳐나는 정보를
처리할 능력이 없다

제1장에서 정보를 선택하
거나 이해하기 위해서는
기초 지식이 필요하다고 설명했다. 이 기초 지식을 쌓으려면
인터넷에서 정보를 수집하기 전에 먼저 입문서를 읽으라고
제안했다. 초심자용 해설서든 혹은 용어 사전이든 가까이에
두면 인터넷 정보를 어렵지 않게 이해할 수 있다. 필요한 정
보와 불필요한 정보도 구분할 수 있다.

제2장에서는 컴퓨터의 정보 저장 능력과 정보처리 능력을
재평가하자고 제안했다. 인터넷을 사용하지 않아도 컴퓨터
는 그 자체에 아주 뛰어난 정보 저장, 정보 처리 기능을 가지
고 있으므로, 컴퓨터를 공부나 업무, 취미, 꿈의 실현을 위해
서 보다 적극적으로 활용하자는 이야기였다. 눈앞에 이토록
거대한 정보 정리 상자가 있는데도 우리는 여전히 컴퓨터를

제대로 활용하지 않고 있기 때문이다.

물론 인터넷을 무시할 수는 없다. 기초적인 지식을 익혀 컴퓨터의 기능을 십분 활용할 수 있게 되었다면, 유용한 인터넷 정보를 마음껏 활용해도 좋다. 정보를 취사선택할 수 있고 이해할 수 있는 한, 쓰레기 정보에 휘둘릴 일은 없기 때문이다.

다만, 나는 여기서도 한 가지 필요한 태도가 있다고 생각한다. 바로 '버리는 것'이다. 언제든 입수할 수 있는 정보는 수집하지 않아도 된다는 점을 알아야 한다.

버리라고 말해도 특별히 신경 쓸 일은 없다. 인터넷 그 자체를 거대한 외장 하드디스크라고 생각하면 되기 때문이다. 그곳에 정보가 저장되어 있으므로 필요할 때는 언제든 꺼내어 볼 수 있다.

우리들은 넘쳐나는 정보를 처리할 능력이 없다. 업무든 공부든 한 가지 아이디어나 계획에 깊이 파고들겠다고 마음먹었을 때는 집약한 정보를 토대로 철저하게 사고하는 과정이 필요하다.

너무 많은 정보는 생각을 혼란스럽게 만들 뿐, 생각을 정리하는 데 별로 도움을 주지 못한다. 무슨 일을 시작하든, 내게 필요한 정보가 무엇인지 먼저 파악하고 적절한 정보를 추려내는 일이 선행되어야 할 것이다.

TIP **한 가지 과제를 수행하는 데 집중할 수 있도록 쓸데없는 정보는 과감히 정리해야 한다.**

기초 정보를 이용해
사고와 판단을 한다

구글이든 야후든 검색엔진에는 방대한 정보가 걸려져 나오는데, 이 방대한 정보를 그저 보는 것만으로는 아무런 도움이 되지 않는다. 그럼에도 우리들은 인터넷에 접속하자마자 정보 탐색에 열중한다. 누구나 알고 있는 정보, 금방 손에 넣을 수 있는 정보가 아니라, 아무도 모르는 중요한 정보가 없을까 하고 탐색하는 것이다.

이런 작업이 얼마나 쓸데없는 짓인지 깨달았으면 한다. 예컨대 '잘 알려지지 않은 맛집 찾기'를 생각해 보자. 이것은 리포트나 글을 쓰기 위한 정보 탐색이 아니다. 그저 단순히 새롭고 신기한 정보를 접하고 싶은 것이다. 여행을 떠날 때에는 곧잘 맛집이나 그 지방 사람들에게 인기 있는 술집, 알아두면 득이 되는 정보를 수집한다. 이 같은 정보 수집은 특별히 리포트나 논문을 쓰려는 것이 아니므로 심심풀이로 얼마든지 해도 좋은 것처럼 여겨진다.

하지만 이것은 시간 낭비다. 하지 말라고까지는 말하지 않겠다. 검색 상위에 실려 있는 음식점을 몇 군데 찾고 목적지의 대체적인 분위기를 파악했다면, 그 뒤는 직접 가서 찾는 편이 훨씬 즐거울 것이다. 그러면 좋은 음식점을 만날 수 있는 확률도 높아진다.

인터넷으로 아무리 자세한 정보를 수집한다고 해도 정보 전부를 확인할 수는 없다. 맛집 리스트를 작성해 떠난다고 해도 실제로 안에 들어가 먹거나 마실 수 있는 곳은 기껏해야 서너 집 정도다.

게다가 잘 알려지지 않은 맛집에 너무 집착했다가 그곳이 기대에 못 미치면(그럴 가능성이 매우 높다), 결국은 검색 상위에 올라와 있었던 음식점으로 들어가 "뭐야, 처음부터 여기로 왔으면 좋았을걸." 하고 후회하게 된다.

이럴 거라면 처음부터 보통 음식점으로 들어가 자신의 눈으로 직접 그곳을 파악하고 난 후에 다시 '잘 알려지지 않은 맛집을 찾으러' 돌아다니는 편이 훨씬 낫다.

즉, 필요한 최소한의 정보를 얻었다면, 이 정보를 토대로 스스로 판단하고 추리하는 편이 더 즐겁고 융통성 있는 결론을 도출할 수 있다는 뜻이다. 언제까지나 정보 수집에 매달리는 것은 시간 낭비이다. 게다가 판단이나 행동을 제한해 스스로 옴짝달싹 못하게 될 가능성마저 있다.

업무나 학습을 위한 정보 수집에서도 마찬가지다. 정보는 수집하는 것이 목적이 아니라 그 정보를 이용해 사고나 판단을 하는 것이 목적이다. 이런 점에서 기초적인 정보는 그만큼 사고나 판단을 자유롭게 할 수 있도록 해줄 것이다.

> **TIP** **필요한 최소한의 정보를 토대로 하여 스스로 추리하고 판단할 때 융통성 있는 결론이 도출된다.**

처리할 수 없는 정보가
스트레스를 낳는다

상세한 자료나 데이터를 수집하거나 좀처럼 손에 넣기 힘든 정보까지 열심히 수집하는 사람이 반드시 업무나 연구에서 좋은 아이디어를 내고 우수한 성과를 나타낸다고 말할 수는 없다.

오히려 필요한 정보를 수집하고 난 다음에 머리를 써서 그 정보를 활용하는 사람이 결과적으로는 더 빠르고 수준 높은 업무나 연구를 완수한다. 왜냐하면 정보는 수집하면 할수록 처리하는 데 시간이 걸리기 때문이다.

'이건 무슨 의미지?'라든가 '이런 경우에는 어떻게 판단하면 좋을까?'라는 생각이 든다면, 아무리 시간이 지나도 앞으로 나아갈 수 없다. 정보를 수집해도 처리할 수 없는 정보가 있다면, 도리어 스트레스만 쌓일 뿐이다.

그렇다고 해서 그 정보를 무시할 수도 없다. 무시할 생각이었다면, 애초부터 수집할 필요가 없었기 때문이다. 이는 학생들이 대학입시를 준비할 때 시험 범위에 속하는 연습 문제를 전부 풀려고 하지만 그 엄청난 양에 지레 진이 빠져버

정보를 버렸을 때
집중력이 생긴다

리는 상태와 비슷하다.

　시간은 한정되어 있다. 한정된 시간 내에 결과를 내지 않으면 안 된다. 이럴 경우에는 집약된 정보를 활용해 자기 나름대로 해답을 낼 수밖에 없다. 결론부터 말하자면, 이 방법이 정답에 도달하는 길이 된다. 일이든 공부든 주어진 과제에 대해 최단 시간에 답을 내기 위해서는 특수한 데이터나 정보는 무시해도 좋으니 검색에서 상위에 있는 권위 있는 정보를 꼼꼼히 읽고 이해해야 할 것이다.

　즉, 우리들이 정보 수집을 할 때 주의해야 할 점은 많은 양을 수집하기보다는 양은 적어도 되니 자신이 처리할 수 있는 만큼만 수집해야 한다는 것이다. 정보를 수집하는 시간은 가능한 짧게 잡고, 생각하는 시간을 더 늘려야만 한다.

TIP **정보를 수집할 때는 자신이 처리할 수 있는 만큼만 수집하라.**

인터넷 정보는
얼마든지 버려도
상관없다

지금은 수년 전과는 비교도 할 수 없을 정도로 인터넷 접속 환경이 좋아졌다. 광섬유를 비롯한 고속 인터넷망은 사진과 영상을 빠른 시간에 다운로드해 준다. 그만큼 정보 입수가 즉각적이다.

그러나 정보가 대량으로 들어오면서 우리가 정보에 압도되는 상황이 벌어졌다. 다운로드 속도는 빨라졌으나 우리들의 두뇌 회전은 그 속도를 따라잡지 못한다.

그 결과, 우리는 무분별한 정보에 휩쓸려 즉흥적인 호기심과 감정에 이끌리며 정보를 다루게 된다. '이건 무슨 내용일까?', '이쪽이 더 흥미로울 거 같은데', 이런 식으로 우리의 머릿속은 단편적인 정보에 끌려 다니게 되는 것이다. 문득 정신을 차리고 보면, 득도 없는 정보 탐색에 몇 시간이나 허비하는 경우도 있다.

인터넷 정보는 키워드만 검색하면, 원하는 정보에 바로 도달한다. 책처럼 목차를 보고 페이지를 넘길 필요가 없다. 용어든 인명ᄉ名이든 모든 분야에서 필요한 최소한의 정보는 금방 손에 넣을 수 있다. 일단 그쯤이면 충분할 것이다.

자신의 이해력과 지식 수준에 맞춰 당장 필요로 하는 정보를 입수했다면, 그 정보를 즉시 활용할 수 있다. 본래 업무나 공부에 필요한 정보가 있어 찾았던 것이므로 이 정보를 업무나 공부에 활용하면 정보 처리는 완료된 것이다. 작업이 이것뿐이라면, 대부분의 경우 검색엔진을 통해 나타나는 첫 페이지의 검색 데이터로 충분할 것이다. 기초 정보나 모두가 이용하는 정보일수록 검색엔진의 상위에 랭크되는데, 이 정도의 정보로 충분하다는 뜻이다. 그 이외의 정보는 모두 버려라. 무시해도 상관없다.

이렇게 하면 많은 시간을 들여왔던 검색과 독해讀解를 아주 짧은 시간에 마칠 수 있게 된다. 이용 가치가 높을 듯싶은 정보라고 여겨지면, 업무나 공부와 관련된 이름을 붙여 파일에 저장하면 된다. 그러나 그 밖의 정보는 모두 지금 수집할 필요가 없는 정보일 것이다. 나머지 정보는 인터넷이라는 거대한 외장 하드디스크에 보관하고 있다고 생각하라.

TIP **인터넷 정보는 기초 정보가 나와 있는 첫 페이지면 충분하다. 나머지 정보는 버려라.**

정보 수집과
인터넷 서핑을
혼동하지 마라

인터넷으로 하는 정보 수집에는 함정이 있다. 누구나 자주 경험하는 일인데, 목적을 가지고 시작한 정보 수집이 어느 순간 목적은 잊어버리고 정보 그 자체의 마력에 빠져버리는 현상이 일어난다는 것이다. 예를 들어 비즈니스 용어를 키워드로 삼아 검색을 시작했는데, 정신을 차리고 보면 경영 컨설턴트의 이메일 매거진을 열심히 읽고 있다. '생각지도 못한 좋은 정보를 얻었다'는 횡재한 듯한 기분을 느끼기도 한다.

하지만 실제로는 어떤 한 가지 목적도 달성하지 못했다. 써야 할 리포트나 제대로 이해하고 싶었던 비즈니스 용어는 그대로 방치해 두고 다른 정보 속으로 빠져든다면 그것은 정보 수집이 아닌 단순한 인터넷 서핑에 지나지 않는다.

그런데도 본인은 그렇게 생각하지 않는다. 요즘은 정보가 여러모로 중요한 의미를 지니기 때문에 남이 모르는 정보를 알게 된 것만으로 자신이 똑똑해진 기분이 들기 때문이다. 인터넷 서핑을 통해 우연히 찾아간 사이트에서 생각지도 못한 정보를 접했을 때 사람들은 목적한 것은 찾지 못했어도 시간 낭비는 하지 않았다고 믿고 싶어한다.

그러나 이런 생각은 착각에 지나지 않는다. 생각지도 못한 정보였다는 것은 찾을 생각도 없었던 정보였다는 의미이기 때문이다. 처음부터 그 정보를 찾으려 했다면 훨씬 빨리 검색할 수 있었을 것이다. 게다가 아무리 흥미로운 정보라 해도 당장은 필요 없는 정보다. 그런 정보는 가치가 없다. 인터넷만이 아니라 잡지나 신문도 몇 백 권, 몇 십 종류를 읽으면 진위야 어찌 되었든 흥미롭고 희귀한 정보를 얼마든지 찾을 수 있다. 그러나 그런 일로 시간을 낭비해 놓고 이 일이 업무에 도움이 된다고 여기는 사람은 아마 없을 것이다.

TIP 인터넷 검색을 하다보면 처음의 목적에서 벗어난 정보를 검색하고 저장하게 되는데 이러한 정보는 필요 없는 정보다.

정보의 단계를
어디까지 낮출지 정해 둔다

마취학 전문가로서 도쿄대 의학부 조교수를 거쳐 데이쿄帝京대 의학부 교수가 된 스와 구니오諏訪邦夫 씨가 『정보를 버리는 기술』이라는 책을 저술한 것은 정확히 2000년의 일이었다. 읽은 지 얼마 안 된 듯한데, 벌써 10년 가까이나 지났다.

몇 번이나 설명했듯이, 채 10년도 지나지 않아 컴퓨터는 놀랄 만큼 발전했다. 스와 교수는 이 책에서 인터넷을 통한 정보 검색은 '시간이 걸린다'는 결점을 들었다. 정말 과거에는 화면이 다음 화면으로 넘어가거나 그림이나 사진이 들어가면 속도가 아주 느려졌다.

그러나 요즘 컴퓨터에는 이런 결점들이 상당히 보완되었다. 인터넷 정보 검색은 하루가 다르게 점점 진화하고 있다.

그렇다고 해서 이 같은 변화가 『정보를 버리는 기술』이라는 책을 쓸모 없는 구식의 산물이 되게 하지는 못한다. 지금 읽어보아도 이 책에는 인터넷을 통한 정보 수집에 관해 도움이 되는 날카로운 지적들이 많이 실려 있기 때문이다.

정보를 버렸을 때
집중력이 생긴다

그중 한 가지로 '정보의 깊이를 제한해 둔다'는 지적이 있다. 키워드를 토대로 검색을 반복하다가 마침내는 지엽적인 정보에 빠져 벗어날 수 없게 되는 것이 인터넷 정보의 함정이다. 이를 방지하기 위해 처음부터 '2단계 이상의 깊이로는 들어가지 않는다'라고 정보의 깊이를 정해 두자는 말이다.

실제로 우리는 '그럴 의도가 없었는데도' 인터넷 서핑에 빠져든다. 그렇게 되는 이유는 뻔하다. '이건 무슨 의미일까?'라는 의문이 계속 반복되기 때문이다. 결국 원래 의도와는 달리 지금 조사하지 않아도 되는 것까지 조사해 버린다.

출장을 위해 호텔을 예약하는 경우를 보자. 인터넷에서는 흔히 목적지의 호텔들이 목록으로 제시되어 소재지와 요금, 서비스도 비교할 수 있게끔 되어 있다. 그러면 예산에 맞춰 가장 적당해 보이는 호텔을 골라 예약하면 된다.

이는 정보 수집을 1단계에서 멈추는 방법이다. 실제로 출장을 위한 호텔 예약 정도라면, 대부분의 비즈니스맨들이 이런 방법을 쓸 것이다.

그런데 "호텔 근처에 맛있는 초밥집이 없을까?"라든가 '다음 날은 시간이 조금 남으니까 관광도 좀 하고 싶다'고 생각하면 상황은 달라진다. 링크된 곳을 따라가다 보면 다양한 사이트에 접속하게 된다. 홈페이지를 갖고 있는 초밥집이 드물지 않고, 관광 정보는 한도 끝도 없이 많다. 그러면 2단계를 넘어 3단계, 4단계까지 정보를 파고들게 된다.

이것은 바보 같은 작업이다. 사실 숙박할 호텔에서 얼마든지 정보를 수집할 수 있다. 즉, 이 경우에 인터넷을 통한 정보 수집은 1단계로 충분한 것이다.

따라서 자신이 수집하려는 정보의 깊이를 처음부터 제한해 두는 것은 중요하다. 이 방법이 인터넷에 휘둘리지 않으면서, 적정 수준의 정보를 신속하게 얻을 수 있는 요령이 될 것이다.

TIP 인터넷에 휘둘리지 않기 위해서는 수집하려는 정보의 깊이를 제한해 둬야 한다.

내 힘으로
처리할 수 없는 수준의
정보는 버리자

수집한 정보의 깊이를 제한하는 방법에는 또 한 가지 이점이 있다. 결과적으로 이해할 수 있는 정보, 처리할 수 있는 정보만을 수집하게 된다는 점이다. 흥미 본위로 링크된 사이트를 따라 이곳저곳 사이트를 열람해도, 그런 정보는 다 기억하지도 못하고 저장할 만큼 중요한 정보도 아니다.

혹 3단계, 4단계로 파고들어가 정보의 정확도를 더욱더 높여간다고 해도, 이번에는 그 정보를 이해하는 일이 힘들어진다. 예를 들어 광고 등에서 자주 사용되는 용어로 '서블리미널 효과subliminal effect'라는 말이 있다. 이 용어의 의미를 알려고 인터넷을 검색한 경우, 인터넷상의 백과사전을 통해 1단계 정보를 얻을 수 있다. '인간이 쉽게 인지할 수 없는 음향을 삽입해 잠재의식에 영향을 미치는 기법'이라는 설명을 얻을 것이다.

하지만 이런 설명뿐이라면 일반적인 용어 사전에서도 금방 찾을 수 있다. 인터넷의 경우는 거기서 점점 더 깊이 들어갈 수 있다. 그러면 심리학이나 뇌의 연구 영역으로까지 정보 수집의 범위가 확대된다. 그뿐만 아니라 내용도 전문적이 되고 심화된다. 이렇게 되면 그 용어에 대해 상당한 지식을 갖추게 된다.

아무리 알고 싶어도 '서블리미널 효과'의 뜻을 아는 것이 목적이었다면 1단계의 기본 정보와 그 주변 정보만 파악하면 목적은 달성된다. 흥미가 생겨서 본격적으로 공부하고 싶어지면, 인지과학이나 심리학, 뇌의 연구에 관한 입문서를 곁에 두고 자신이 이해할 만한 교재부터 천천히 읽으면 된다. 물론 이 역시 지적 호기심을 채워주는 즐거운 체험이다.

그러나 그것은 나중에 해야 할 일이다. 지금은 버리는 수밖에 없다. 버린다고 해도 인터넷 세계에 '서블리미널 효과'에 관한 정보는 대량으로 저장되어 있다. 흥미를 느껴 깊이 공부할 마음이 들었을 때, 그때 가서 3단계, 4단계까지 파고들어 정보를 수집하면 된다.

TIP **정보의 수준을 제한하면 자신이 이해하고 처리할 수 있는 정보만을 수집하게 되는 이점이 있다.**

인터넷 정보에는
중복되는 자료가 많다

스와 구니오 교수는 '정보의 깊이를 제한하는' 것과 함께 또 한 가지, 즉 인터넷 정보를 버리기 위한 효과적인 방법을 들고 있다. "검색 항목을 통해 제시된 내용 중 3페이지 뒤로는 버린다."는 것이다.

스와 교수가 『정보를 버리는 기술』을 저술할 당시에는 지금보다 훨씬 인터넷 속도가 느렸기 때문에 한 가지 항목을 다운로드하는 데만도 많은 시간이 걸렸다. 그래서 3페이지 이상은 버리는 방법은 매우 현실적인 대처법이었다. 또 한 가지 이유는 검색 항목이 대량으로 나오는 정보는 중복되어 있는 경우가 많다는 점이었다.

이런 점은 지금의 인터넷에서도 마찬가지다. 2페이지까지는 어느 정도 다양한 정보들이 나열되지만, 그 이후부터는 제목만 다르고 내용은 같은 경우가 많다.

뒤에 있는 정보는 '괜찮을 거 같은데'라든가 '이 정보는 희귀한 정보일 거야'라고 생각해 다운로드해도 결국 앞에 있었던 정보의 복사판인 경우가 자주 있었다. 검색에 방대한

양의 정보가 걸러져 나온다고 해도 그중에서 쓸모 있는 정보
는 기껏해야 2페이지까지다. 솔직히 나는 처음에 나오는 1
페이지만으로도 충분하다고 생각한다.

하지만 그래서는 누구나 알고 있는 정보밖에 얻을 수 없다
고 생각하는 사람도 있을 것이다. 그러나 누구나 알고 있는
정보란 것은 그만큼 기본적인 정보이므로 자신의 생각과 조
합할 때는 이러한 정보가 오히려 활용하기 편하다는 이점이
있다.

분명 인터넷 검색엔진은 무한한 정보를 알려주는 듯하지
만, 방대한 정보량이 곧 정보의 다양성으로 이어진다고는 볼
수 없다. 오히려 검색 건수가 많은 정보는 같은 자료를 여러
사이트가 이용하고 있다는 뜻으로 받아들이는 편이 좋을 것
이다. 그렇다면 더욱더, 모두에게 이용되고 있는 정보를 자
기 나름의 관점과 틀로 활용하는 것이 주위를 깜짝 놀라게
하는 방법이 될 것이다.

TIP 인터넷은 2페이지까지는 다양한 정보들이 나열되어 있지만, 그 이
후부터는 제목만 다르고 내용은 비슷한 경우가 많다.

정보를 버렸을 때
집중력이 생긴다

맨 먼저
인터넷을 버려도 좋다

여기까지 읽었을 때, 이렇게
느낀 사람은 없을까?

'그렇게 기본 정보가 중요하다면, 인터넷을 전혀 사용하지 않아도 되는 거 아냐?'

맞는 말이다.

인터넷 정보의 깊이를 2단계까지 제한하고, 검색 항목을 처음에 제시되는 1페이지로 한정하며 기본적인 정보만 수집할 때는, 곁에 마련해 둔 입문서나 분야별 용어 사전이면 충분하다.

컴퓨터 화면에 있는 인터넷 접속 아이콘을 '삭제하든지' 인터넷 접속 그 자체를 '없애버리는' 선택도 있다.

이렇게 함으로써 컴퓨터는 우수한 기능을 지닌 워드프로세서로 탈바꿈한다. 주변에는 몇 권의 사전과 책들이 쌓여 있지만, 워드프로세서가 있으므로 필기도구나 리포트 용지, 원고 용지는 필요 없다. 그만큼 책상 위는 깔끔해질 것이다.

이렇게 한다고 일이나 공부에 뭔가 불편한 일이 생길까? 그렇지 않으리라고 본다. 그러기는커녕 지금보다 낭비되는 시간이 훨씬 줄어들 것이다. 정보 검색은 사전을 찾거나 입문서의 목차를 뒤적거리거나 하면 되므로, 검색엔진을 이용할 때와 크게 바뀌지 않을 것이다.

단, 정보를 다운로드해 저장하거나 인터넷에 나온 정보를 그대로 복사해 갖다 붙이는 '잔재주'는 부릴 수 없다.

종이 정보는 스스로 읽고 이해한 후에 활용해야 하고, 인용할 경우에는 한 글자 한 어구를 워드프로세서로 직접 쳐야 한다. 이런 수고도 정보에 대한 이해를 심화시키는 작업이다. 내 머릿속에 지식으로 흡수되고 있다고 여기면 되는 것이다.

정보 검색에 대해 가져야 할 태도는 무턱대고 인터넷에 의존하지 말고, 사전과 입문서를 같이 쓰는 것이다. 그러면 애써 모은 정보가 쓰레기가 되지도 않을 뿐더러 내가 모은 정보에 끌려다니는 일도 전혀 없을 것이다.

TIP 무턱대고 인터넷에 의존하지 않고 입문서나 사전을 이용해 정보를 찾으면 시간을 낭비하지 않는다.

기본 정보를 토대로
사고력을 연마하자

『정보를 버리는 기술』이라는 책에서 스와 구니오 교수는 정보를 수집하는 노력과 정보를 활용하는 노력이 서로 균형을 이뤄야 한다고 말한다. 나 역시 전적으로 동감한다.

제1장에서 국제 정세에 대한 감각이 뛰어난 재계 인사의 이야기를 했는데, 그때 그가 했던 말을 떠올려보라.

"무리해서 필요 없는 정보를 모아오기보다는 지금 가지고 있는 정보를 잘 이해하는 것이 더 중요합니다."

이 말과 스와 구니오 교수의 말에는 공통점이 있다.

우리들이 정보를 수집하는 목적은 그 정보를 활용하기 위해서다. 그러므로 이해할 수 없는 정보나 활용할 수 없는 정보는 수집해 봤자 아무런 의미가 없다. 보다 자세히 말한다면, 우리가 정보를 수집하는 목적은 그 정보를 활용해 자신의 생각을 정립하기 위해서다. 즉, 정보는 사고의 재료이자 수단에 지나지 않는다. 정보 그 자체가 목적이 되는 것은 매우 제한된 경우일 뿐이다.

그런데 인터넷으로 다양한 정보를 간단히 수집할 수 있게 되자, 이번에는 정보의 내용에 집착하게 되었다. 양적으로나 질적으로나 높은 수준을 요구하게 된 것이다.

물론 정보의 내용이 중요하기는 하다. 하지만 이 말은 그저 쓰레기 정보에 휘둘리는 것은 어리석다는 정도의 의미일 뿐이다. 그렇게 되지 않기 위해서라도 기초적인 지식을 익히는 것이 중요해진다.

그리고 이런 사실만 분명하게 인식할 수 있다면, 그 다음부터는 아무 걱정할 필요가 없을 것이다. 다시 말해 기초적인 지식을 가지고 정보를 취사선택한 다음에는 그때그때 필요한 정보만 찾아서 자신의 일이나 공부에 활용하면 되는 것이다.

이렇게 생각하면, 정보 수집은 매우 간단한 작업이 될 것이다. 자신의 사고를 정립하기 위해서 필요한 최소한의 정보를 수집하고 그 정보를 토대로 철저하게 고민한다. 그리고 이런 과정을 반복하면 되는 것이다.

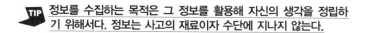
TIP 정보를 수집하는 목적은 그 정보를 활용해 자신의 생각을 정립하기 위해서다. 정보는 사고의 재료이자 수단에 지나지 않는다.

왜 정보를 버려야 하는가?

1. **인터넷 그 자체가 거대한 외장 하드디스크다.** 인터넷에 접속해 필요한 정보를 무한정 얻을 수 있다. 따라서 언제든 찾을 수 있는 정보는 굳이 컴퓨터에 저장할 필요는 없다.

2. **너무 많은 정보는 오히려 공부에 방해**가 된다. 일이든 공부든 한 가지에 전념할 때는 집약된 정보를 토대로 철저하게 사고하는 과정이 필요하다. 그런데 정보가 감당할 수 없이 많으면 생각을 정리하는 일이 어려워져 정작 힘들게 찾은 정보를 활용하지도 못하게 된다.

3. 양이 적더라도 **자신이 처리할 수 있는 만큼의 정보를 수집해야 더 높은 성과를 얻을 수 있다.** 정보는 수집한 양만큼 처리하는 시간도 늘어난다. 정보 수집에 많은 시간을 쏟기보다는 찾아놓은 정보를 읽으며 생각을 정리해 정보를 활용하는 것이 더 효과적이다.

4. **대량의 정보는 시간과 에너지만 소모시킨다.** 사람들은 무분별한 정보에 휩쓸려 다니며 즉흥적인 호기심과 감정에 이끌린다. 검색하는 정보는 많지만 단편적인 정보에만 끌려 다니는 것이다. 이런 정보 탐색은 낭비적이다. 자신의 이해력과 지식 수준에 맞춰 당장 필요한 정보만 수집하고 수집한 정보는 즉시 활용할 수 있어야 한다.

정보를 버리는 기술

1. 정보의 깊이를 제한한다 : 인터넷 검색을 할 때는 지엽적인 정보에 빠져 벗어날 수 없게 되는 경우가 많다. 이것을 방지하기 위해 처음부터 '2단계 이상의 깊이로는 들어가지 않는다' 라는 식으로 정보의 깊이를 정해 두는 것이다.

2. 검색 항목에서 제시된 내용 중 3페이지 뒤로는 버린다 : 2페이지까지는 어느 정도 다양한 정보들이 나열되지만, 그 이후부터는 제목만 다르고 내용은 같은 경우가 많다. 방대한 양의 정보가 검색되어 나와도 그중 쓸모 있는 정보는 기껏해야 2, 3페이지 정도다.

3. 밀어내기 파일링 : 가장 최근에 사용한 파일을 맨 앞에 놓는 정리법이다. 정보를 순차적으로 밀어내면 항상 가장 가까운 곳에 가장 최근에 사용한 서류나 파일이 놓이게 된다. 이렇게 되면 한 번도 사용하지 않는 파일이나 서류는 점차 뒤로 밀려나 결국 비워지게 된다. 이용 가치가 있는 정보가 이용 가치가 없는 정보를 밀어낸 셈이다.

04

자신이
가진
모든 정보를
컴퓨터에
맡겨보자

돈이 되는 건

정보 수집력이 아니라

'정보 정리력'이다

학생 시절에 아르바이트로 잡지에 글을 기고했던 적이 있다. 젊은이를 위한 패션 이나 연애, 거리 풍경 등을 취재해 기사로 쓰는 일이었는데, 그때 문득 들었던 생각이 아무리 새롭고 진기한 정보를 수집 해도 그 정보만으로는 돈이 되지 않는다는 것이었다.

수집한 정보를 정리해 취재 원고를 쓰고, 그 원고가 데스 크나 편집자의 오케이 사인을 받았을 때에야 비로소 원고료 를 받을 수 있다. 기사를 기고하는 일은 취재하면서 젊은 여 자들을 인터뷰하거나 인기 있는 가게를 찾아 다니는 등 편하 고 쉬운 일처럼 보이지만, 마지막은 그렇지 않다. 수집한 정 보를 기사로 쓰는 일은 쉽지 않은 일이다.

정보를 돈으로 만들기 위해서는 그 정보를 정리해 구성하는 작업이 필요하다. 잡지 기고가의 경우를 예로 든다면, 기사를 써야 정보가 비로소 돈이 되는 것이다.

어떤 일이든 마찬가지가 아닐까?

학자나 연구원은 물론이고, 기술자도 마찬가지다. 수집한 정보를 자기 나름대로 가공, 정리함으로써 새로운 가치를 창출해야 한다.

비즈니스맨은 어떨까? 비즈니스맨 역시 마찬가지다. 자동차 영업사원도 자신이 취급하는 자동차의 정보를 수집하고, 시장 요구를 분석하고, 거기에 고객 정보를 모으고, 그 같은 정보를 정리함으로써 비로소 자동차 영업을 위한 전략을 세울 수 있다.

실제로 구입하고 안 하고는 고객에게 결정권이 있는 듯 보이지만, 영업사원의 전략이 매출을 좌우한다는 점도 분명한 사실이다.

그렇다고 한다면, 여기서 요구되는 것은 '정보 정리 능력'이다. 상품 정보에 밝고 고객 정보를 많이 수집한 사람이라해도 그 정보를 분석하거나 적절히 짜맞출 수 있는 능력이 있어야 한다. '이 자동차를 판매한다면, A씨야말로 가장 적격자다'라고 판단할 수 있는 능력이 없다면, 정보를 공회전 시키는 꼴이 되고 만다.

TIP **수집한 정보를 자기 나름대로 가공하고 정리해야 새로운 가치를 창출할 수 있다.**

일이란 본래
정보를 정리하는
작업이다

컴퓨터가 없던 시대에 정보의 매체는 모두 종이였다. 다양한 서류, 기획서, 자료, 의사록, 일지나 일일 보고, 보고서 혹은 팸플릿이나 매뉴얼, 카탈로그에 이르기까지 모든 것이 종이에 쓰여졌다. 종이 정보가 사무실 책상이나 서랍, 그 주변에 산더미처럼 쌓여 있었다.

연락 메모도 있었다. 회의 일시, 의제, 타 부서의 보고나 연락, 부재중일 때의 전화 메모, 이런저런 연락 메모들이 책상 주변에 빽빽하고 어지럽게 널려 있었다.

그래서 사무실 책상이 넓었고, 서랍도 여러 개 달려 있었으며, 책상 위에도 서류 상자와 책꽂이, 사물함이 놓여 있었다. 물론 그 안에도 '정보'가 빽빽하게 들어차 있었다.

그 시대에는 무슨 일을 하든지 정보 정리부터 해야 했다. 이곳저곳에서 필요한 정보를 꺼내고 그 정보를 늘어놓고 일의 순서를 생각하는 것이다. 예를 들어, 영업사원이 아침에 와서 제일 먼저 하는 일은 그날 방문 일정을 잡는 것인데, 방문할 상대에 따라 갖춰야 할 정보가 다르므로 가방 안에는 파일별로 분류된 다양한 정보들이 질서 정연하게 넣어져 있었다.

그래서 평소에 정보를 관리하는 일이 중요했다. 정리하지 않고 뒤죽박죽이 되어버리면 필요할 때 정보를 찾기가 여간 어렵지 않기 때문이다. 일을 잘하는 사람은 자신의 책상과 서랍, 파일 상자, 캐비닛 속을 질서 정연하게 분류해 정보를 관리했다. 어떤 공간에 어떤 정보가 수납되어 있는지 항상 파악하고 있었던 것이다.

그러나 일을 잘 못하는 사람은 이 정보 관리가 서툴렀다. 어디에 무엇을 두었는지 빨리 기억해내지 못해서 어떤 일을 시작할 때 준비하는 시간이 오래 걸렸다. 중요한 정보를 찾지 못해 허둥대는 사람이 많았다.

장황하게 설명한 듯 보이지만 불과 10년 전까지 대부분의
비즈니스 현장은 이와 같았다. 정보 정리 능력이 그대로 업
무 능력의 바로미터가 되었던 것이다.

> **TIP** 과거에는 정보를 정리하는 능력이 업무 능력과 직결되었다.

**어떤 시대든
정보 정리에 능한 사람은
필요 없는 정보를 과감히 버렸다**

컴퓨터가 없었던 시대
에 정보 정리에 관한
이야기를 했는데, 한
마디로 그때는 지금의 직장 환경과 비교해 볼 때 뒤죽박죽이
었다. 그러나 그 시대에도 책상 주변을 깨끗하게 정리하고
최소한의 필요한 정보만으로 업무를 효율적으로 처리하는
사람이 있었다. "저 사람의 책상은 어째서 저렇게 깨끗하게
정리되어 있는 거지?" 하고 정보 정리에 서툰 사람이 고개를

갸웃거리게 만드는 사람이 있었던 것이다.

이 같은 사람들의 공통점은 필요 없는 정보는 과감히 버렸다는 점이다. 예를 들어, 문의가 적은 상품 자료는 버린다. 필요할 경우에는 회사 안에 비치된 어딘가에서 가져오면 되는 것이다. 처리된 업무 자료도 버린다. 두꺼운 데이터나 정보도 필요한 페이지만 복사하고 나머지는 버린다.

이런 생각으로 책상 주변을 둘러보면 '없어도 된다'고 판단되는 정보가 얼마든지 있다. 결단을 내리지 못하고 망설여지는 자료도 일단 버린다고 마음을 먹는다면, 금방 정리할 수 있다.

직장이란 곳은 사용 빈도가 높은 자료나 데이터, 모두가 사용하는 정보는 공유 공간에 반드시 보관해 놓는다. 신제품 팸플릿 따위는 개인 책상에 보관해 둘 필요가 전혀 없다는 것이다.

이렇게 자신의 주변을 정리해 가면, 그만큼 정보를 정리하는 일이 편해진다. 주변에 남아 있는 정보는 현재 진행 중인 업무에 필요한 정보들뿐이므로 빨리 찾을 수 있다. 새로운 업무에 착수할 때는 가까이에 있는 정보를 다시 바꾸면 되는

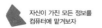

것이다.

컴퓨터가 없었던 시대에도 평소 마음가짐이나 습관 여하에 따라 정리정돈을 깨끗이 할 수 있었고, 이를 실행하고 있는 사람도 많았다.

현대는 어떤 사무실이든 컴퓨터가 비치되어 있다. 집에도 개인 컴퓨터가 한 대씩은 있다. 그 컴퓨터에 다양한 정보를 정리해 저장하면 언제든 모니터 화면에 재생시킬 수 있다. 이처럼 편리한 정보 정리 도구는 어디에도 없을 것이다.

TIP **컴퓨터가 없던 시절에도 업무를 효율적으로 처리하는 사람들은 필요 없는 정보는 과감히 버렸다.**

컴퓨터 안의 정보는
정리가 잘 되어 있고
버리기도 쉽다

컴퓨터가 없었던 시절, 오래된 정보를 잘 버리지 못했던 사람은 없었을까?

예컨대 채택이 안 된 기획서라도 미련이 남아 버리지 못하는 사람이 있었을 것이다. '이 부분을 조금 바꾸면 다른 기획을 할 때 다시 쓸 수 있지 않을까?'라든가 '기획서 자체는 채택이 안 됐어도 사용한 데이터는 아직도 가치가 있을 것'이라는 식으로 생각하며 정보를 끌어 안고 있다. 자신이 온갖 지혜를 짜내고 수고를 들였던 정보는 버리기 힘든 법이다.

일지나 수첩, 자필로 쓴 노트나 리포트, 중간까지 푼 문제집이나 참고서, 다양한 분야의 입문서 등도 마찬가지다. 무언가를 기입했거나 형광펜으로 밑줄이 처져 있거나 하면, "이렇게 열심히 공부했구나." 하는 생각이 드는데, 이런 생각만 해도 버리기가 아까워진다. 결국 어떤 식으로든 이유를 대며 버리지 못한다. 그러고는 어딘가에 처박아놓고 사용하는 일 없이 방치해 둔다. 책상 주위에도 책장에도 공간은 한정되어 있기 때문에 버릴 수 없는 정보가 늘어나면 그만큼 정리하는 데 시간이 들게 된다.

반면 컴퓨터에 저장된 정보는 버리는 것도 정리하는 것도 간단하다. 우선 버리는 것부터 이야기해 보자. 파일로 저장되어 있는 정보는 글이든 문서든 더 이상 쓸 일이 없다고 판단되면, 바로 '휴지통'으로 옮길 수 있다. 차례차례 휴지통에 옮겨진 파일은 클릭 한 번이면 처리가 끝난다. 이때 미련은 남지 않는다. 손으로 직접 쓴 정보나 손수 만든 정보와 비교했을 때 마음속에 느껴지는 아쉬움이 적은 것이다.

그런데도 만일 '아직은 버리지 않는 편이 좋지 않을까?'라는 생각이 든다면, 그대로 놔둬도 된다. 이 파일 때문에 컴퓨터 안이 복잡해지지도 않고 방해가 되지도 않는다. 요즘 컴퓨터의 하드디스크 용량이라면 일반적인 문자 정보 정도는 얼마든지 저장이 가능하다. 그리고 몇 개의 메모리 카드로도 작업 중에 있는 파일을 내용별로 분류해 저장할 수 있기 때문에 간단히 조작만 하면 즉각 작업을 재개할 수 있다.

이 같은 컴퓨터의 특징을 한마디로 하자면, 정보 정리를 객관적으로 할 수 있게 해준다는 점이다. 본인의 주관적인 생각과 망설임을 줄여준다. 이런 특징을 충분히 활용하면 컴퓨터에 의한 정보 정리는 더욱더 그 기능성을 높여갈 것이다.

TIP **컴퓨터는 사용자의 주관적인 생각과 망설임을 줄여줌으로써 정보 정리를 객관적으로 할 수 있게 한다.**

컴퓨터 안의
정보는 가공하기 쉬운
소재이다

처음 영화를 감독했을 때 컴퓨터 덕분에 나는 내가 원하는 영화를 만들 수 있었다.

컴퓨터의 장점은 처음부터 한 번에 좋은 장면을 찍지 않아도 된다는 점이다. 다양한 앵글로 컷을 찍어두고 편집할 때 이어 붙이면 되기 때문이다. 소재가 되는 정보를 얼마든지 저장할 수 있다는 것이 컴퓨터의 장점이다.

컴퓨터의 이러한 장점은 글이나 기획서를 작성할 때에도 발휘된다. 비즈니스 세계에서는 보고서나 리포트, 회의 때 쓸 설명서와 같이 글을 작성해야 할 경우가 많은데, 컴퓨터로 글을 작성하면 매우 유용한 점이 있다.

잘못 써도 쉽게 고칠 수 있어서 마음에 들 때까지 몇 번이고 고쳐 쓸 수 있는 것이다. 글의 순서도 자유롭게 바꿀 수 있다.

예를 들어보자. 리포트를 작성할 때 글의 요지가 정해지면 그 요지를 토대로 전체적인 흐름을 잡고 쓰기 쉬운 부분부터 써 내려갈 수도 있다. 분량이 많은 글은 첫 문장이 잘 안 써지면 난감해진다. 앞으로 써야 할 글의 분량이 떠올라 쓸 의욕이 사라지는 것이다.

이런 어려움을 해결하는 데 컴퓨터는 큰 도움을 준다. 컴퓨터로 글을 쓰면 결론 부분을 먼저 쓸 수도 있고, 에피소드나 인용이 들어가는 부연 단락을 먼저 쓸 수도 있다. 순서에 맞게 글을 쓰는 것이 아닌 자기의 기분에 맞게 글을 써도 된다는 것이다.

단숨에 글을 써 내려가고 싶을 때는 데이터나 구체적인 사례를 생략한 채 논지를 전개해도 된다. 우선 뼈대를 만들어두면, 여유를 가지고 글의 분량을 늘릴 수 있다.

이 같은 정보의 가공은 원고 용지나 리포트 용지 같은 종이 위에서는 불가능하지만, 컴퓨터에서는 가능하다. 나중에 글을 덧붙이거나 고쳐 쓰는 작업을 얼마든지 할 수 있고, '덮어쓰기' 기능이 있어서 몇 번이고 고쳐 써도 깨끗하고 깔끔한 원고를 저장할 수 있다.

컴퓨터에서의 작업은 처음부터 한 번에 완성하지 않아도 되는 것이다. 저장을 반복할 때마다 자신이 그리고 있던 이미지가 점차 완성된다. '이 부분도 바꿔보자'라든가 '그렇다면 이쪽도'와 같은 식으로, 전체가 점점 더 자신이 의도했던 것에 근접하게 된다.

 컴퓨터로 글을 작성하면 수정하기가 쉬워서 마음에 들 때까지 몇 번이고 고쳐 쓸 수 있고 글의 순서도 자유롭게 바꿀 수 있다.

컴퓨터는
내 취미와 공부를
지원해 준다

일에서 벗어나 자신의 취미나 공부에 대해 생각해 보자. 나는 컴퓨터로 정보를 정리하는 즐거움은 일보다는 취미나 공부를 테마로 잡았을 때 더 실감할 수 있다고 생각한다.

개인적인 일지나 메모, 공부나 취미 노트, 초고를 포함한 원고와 논문 등 일과 직접적으로 관련되지 않더라도 글을 써야 하는 일이 자주 있다. 책을 좋아하는 사람은 독서 노트를 작성하거나 영화나 연극을 좋아하는 사람은 작품에 대한 감상을 적는 등 주제와 범위도 다양해지고 있다.

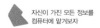

예전 같으면 그런 신변잡기적인 글들은 노트나 리포트 용지에 생각나는 대로 적었다. 이런 기록들은 정리할 방법이 없었다. 여러 분야의 기록이 뒤죽박죽 섞여 있으면, 그것을 버리지도 그렇다고 제대로 보관하지도 못했다. 그런 마음이 생기지 않는 것이다. "이것저것 끄적거린 잡기장이긴 하지만, 독서 노트 부분은 쓸 만한 게 많은데."라며 버리기 아까운 메모들이 눈에 들어온다. 그렇다 해도 그 부분만 들어내서 따로 정리하는 일은 하지 않는다.

그러나 컴퓨터라면 가능하다. 자신이 사용하기 편리한 워드프로세서 소프트웨어로 독서 노트든 영화 노트든 음악 노트든 혹은 요리 레시피든 맛집이든 메모를 정리해 둘 수 있다. 아이를 키우는 엄마라면 육아 노트나 아이 성장 일기에 대한 폴더를 만들 수 있다. 어쨌든 좋아하는 것, 그날 쓰고 싶은 내용을 기록하고 분야별로 분류해 폴더에 저장할 수 있는 것이다.

그림이나 사진도 함께 저장할 수 있다는 이점도 있다. 아이가 그린 그림을 스캔해서 육아 노트에 저장할 수 있고, 책이나 영화, CD도 표지나 커버 재킷을 스캔해 기록과 함께 저장할 수 있다.

이는 곧 컴퓨터 안에 여러 종류의 정리 선반을 만드는 일
과 같다. 불가사의한 존재인 사람은 정리 선반이 있으면 그
곳을 충실히 채우고 싶은 욕구가 생긴다. 잡기장에 생각나는
대로 끄적거려두는 것만으로는 각각의 테마들이 얼마나 충
실히 채워졌는지 알 수 없다. 정리 선반을 마련해 주제별로
금세 읽을 수 있게 해두면, "영화 노트도 꽤 많이 썼구나."
하고 뿌듯함을 느낄 수 있고, "이제 슬슬 본격적으로 해볼
까." 하는 자극도 받을 수 있다.

이런 마음이 취미를 더 개발하게 하고 공부를 더 깊이 있
게 한다. 지금까지 쌓아온 것을 분명하게 확인할 수 있다는
것은 미래에 다양한 꿈을 그릴 수 있는 계기가 되기도 하는
것이다.

TIP 워드프로세서 소프트웨어로 독서 노트, 영화 노트, 음악 노트는 물
론 요리 레시피나 맛집도 정리해 둘 수 있다.

컴퓨터라면
편한 마음으로
글을 쓸 수 있다

내가 지금 설명하고 있는 정도의 일은 컴퓨터를 갖고 있는 사람이라면 대부분 이해하고 있을 것이다. 폴더를 만들면 정리 선반을 얼마든지 늘릴 수 있다는 점, 글뿐만 아니라 그림이나 사진도 저장할 수 있다는 점, 저장한 정보를 다른 폴더로 옮기거나, 삭제하거나, 재배열하기도 쉽다는 점, 덮어쓰기를 통해 글을 수정하는 일도 간단하다는 점, 이런 정도의 일은 누구나 당장 실행할 수 있다.

그러나 실제로는 컴퓨터를 정보 정리에 활용하는 사람은 그리 많지 않다. 대다수의 사람들은 날마다 상당한 시간을 컴퓨터 앞에서 보내지만, 그들이 하는 일은 여기저기 인터넷 사이트를 열람하고 정보를 수집하는 것뿐이다. 이것이 컴퓨터를 즐기는 방법이라고 생각한다.

이에 비해 글을 쓰거나 기록을 정리하는 등 머리를 써서 하는 작업은 귀찮게 여기고 있다.

이런 사고방식을 조금 바꿔보라. 컴퓨터가 기록하고 정리하는 것 자체를 매우 쉬운 작업으로 바꿔주었다. 사진을 정리할 때도 옛날처럼 두꺼운 앨범은 필요 없게 되었다. 디지털카메라로 찍은 사진은 그대로 컴퓨터 본체나 CD에 저장할 수 있다. 제목이나 사진 설명을 달아놓는 일도 간단하다.

쓰는 일 역시 마찬가지다. 자신이 생각했던 것, 떠오른 아이디어, 느낀 점, 이 모두를 그대로 저장할 수 있다. 게다가 비록 단편적인 내용이라고 해도 모든 분야를 폴더별로 정리해 저장할 수 있다.

이 같은 일을 종이와 펜을 사용해 한다면 어떻게 될까?

책상 주위는 금방 어수선해진다. 그러나 그보다 더 문제인 것은 쓸 마음이 생기질 않는다는 점이다. 분야별이나 주제별로 노트를 준비하면, 무엇을 쓰려고 해도 멋들어지게 써야 한다는 부담감을 느끼게 되기 때문이다.

이런 면에서도 컴퓨터는 편리한 도구다. 그때그때 생각나는 것을 생각나는 대로 적으며, 저장할 때는 폴더로 나누어 정리할 수 있기 때문이다.

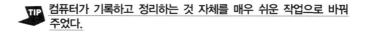
TIP **컴퓨터가 기록하고 정리하는 것 자체를 매우 쉬운 작업으로 바꿔 주었다.**

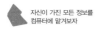

스케줄 관리를
컴퓨터에 맡겨보자

지금보다 더 많은 것을 컴퓨터에 저장해 보라. 컴퓨터를 활용해 정보를 정리하는 방법을 익히기 위해서는 이 방법이 가장 빠른 지름길이 될 것이다.

컴퓨터의 장점은 저장되어 있는 정보를 가공하기 쉽다는 점이다. 고쳐 쓰거나 재배열하거나 혹은 전혀 다른 분야의 정보와 조합하는 등 종이 위에서는 너무나 귀찮은 작업이 컴퓨터에서는 몇 번의 클릭만으로 가능하다. 정보를 버리는 일역시 간단하기에 '이따위 글은 읽고 싶지 않아' 하고 생각하며 삭제해 버리면 그만이다.

여기서 내가 하고 싶은 말은 컴퓨터를 무엇이든 마음껏 적을 수 있는 잡기장으로 삼아보는 것이 좋지 않겠냐는 것이다. 낙서도 할 수 있고, 초고를 쓰기 전 생각나는 것이면 어떤 것이든 쓸 수 있다. 뛰어난 정보 정리 상자를 가지고 있으니 당신이 하고 싶은 일을 컴퓨터에 맡겨보라는 뜻이다. 일뿐만 아니라 자신의 공부나 취미를 큰 덩어리로 분류해서, 지식과 정보, 실행하고 싶은 계획이나 목표, 그 경과나 결과를 기록할 수 있을 것이다.

그러면 컴퓨터 앞에 앉아 있는 것만으로 내 공부가 진척되는 상황과 여러 계획이 진행되는 상황을 점검할 수 있게 된다. 자격증 시험을 준비하고 있는 사람이라면, 컴퓨터에 정리된 기록을 보고 '조금 해이해졌군. 이번 주에 만회하지 않으면 계획에 차질이 빚어지겠는걸' 하는 생각도 하게 될 것이다.

계획이나 목표 역시 마찬가지다. 취미나 놀이도 머릿속에 떠오른 생각을 계획하기는 하지만 금방 흐지부지되거나 포기해 버리는 경우가 자주 있다. 반드시 실행하겠다는 굳은 마음으로 계획하지만 시간이 지나면서 그 열정이 식어버리기 때문이다.

이렇게 되는 이유를 우리들은 일이 바빠서라거나 일상의 잡무가 많아서라고 생각하기 쉬운데 꼭 그 때문만은 아니다. 그보다는 오히려 계획을 방치하고 있는 것이 가장 큰 원인이 아닐까? 어떤 계획이든 머릿속에 떠오르면 그 계획을 실현하기 위해 하나씩 실행해 나가야 할 일이 있다. 그걸 알면서도 아무것도 하지 않고 있는 것이다.

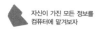
자신이 가진 모든 정보를
컴퓨터에 맡겨보자

컴퓨터에 이 같은 계획이나 목표를 정리해 두면, 점검할 때마다 깨닫게 된다. '그렇구나, 이 여행 계획을 실행하려면 지금 하는 일을 더 이상 늦추면 안 되겠구나'라든가 '일행과 일정을 확정해 두자'와 같이 계획이나 목표의 실현을 위해 지금 무엇을 해야 할지 확인할 수 있는 것이다.

 컴퓨터를 무엇이든 마음껏 적을 수 있는 잡기장으로 삼아라.

정보 정리로
해야 할 일이 보인다

앞에서 소개한 스와 구니오 교수는 『정보를 버리는 기술』에서 '일지'에 따라 업무나 계획을 관리하도록 권하고 있다. 즉, '일지를 중심으로 그 일지에 의존해서 일을 하라'는 말이다.

컴퓨터 조작에 능한 스와 교수는 그 방법에 대해서도 자세히 설명하고 있는데, 내 생각에는 컴퓨터에 기록하는 '일지'는 누구라도 아주 실용적으로 정보를 정리할 수 있으리라고 본다.

우선 '일지'이므로 무엇을 쓰든 상관없다. 지금까지 설명했듯이, 그날에 있었던 일, 만났던 사람과 나눈 대화의 간단한 내용, 처리한 업무나 작업, 앞으로 해야 할 일이나 작업, 진행 중에 있는 공부, 예정되어 있는 계획 등 어떤 것도 쓸 수 있다.

그러면 이 '일지'를 언제 쓰면 좋을까?

나는 컴퓨터에 의한 정보 정리는 어디까지나 자신의 컴퓨터, 즉 집에 있는 컴퓨터로 해야 한다고 생각한다. 당연히 집에 돌아와서 일지를 써야 한다. 자신의 생활 리듬에 맞춰 밤에 해도 좋고, 아침형 인간이라면 새벽이라도 무방할 것이다. 어쨌든 일을 마치고 자신의 시간이 시작될 때 먼저 '일지'를 쓴다.

컴퓨터의 전원을 켠 후 제일 먼저 시작하는 일이 일지 쓰기인 것이다. 파일에는 전날 쓴 일지가 기록되어 있다. 그 일지를 읽으면 하루에 처리한 일이나 뒤로 미룬 일, 계획의 진행 상황 등을 한눈에 알 수 있다. 이를 점검하면서 그날의 일지를 적는다.

자신이 가진 모든 정보를
컴퓨터에 맡겨보자

이 일지에는 어떤 내용을 쓰든 상관없다. 하루에 있었던 일이나, 새롭게 생긴 계획, 머릿속에 떠오른 생각, 어디선가 얻은 정보나 지식, 만났던 사람 등 어떤 것이나 괜찮다. 흥미나 관심이 쏠리는 것이라면 무엇을 쓰든 상관없다. 짧은 글이나 단편적인 문장이라도 좋다.

일지를 다 작성하면, 앞으로 해야 할 일이 보인다. 예정되어 있는 작업에 착수하거나 일정이 늦어진 계획이 있다면 그 계획을 진행시키면 된다. 이 작업이나 계획 등은 컴퓨터에 주제별로 폴더나 파일이 만들어져 있을 것이므로, 그 폴더나 파일을 열어 작업이나 공부를 시작할 수 있다. 책을 읽거나 조사를 하거나 컴퓨터와 상관없는 일을 해도 상관없다. 이렇듯 일지를 씀으로써 자신의 시간을 더욱 의미 있고 알차게 만들 수 있다.

TIP **일지를 쓰면 앞으로 해야 할 일이 보인다.**

머릿속에 떠오른 생각은
전부 컴퓨터에 기록해 두자

컴퓨터로 다양한 분야의 정보를 정리하게 되면 내용물이 전보다 많이 달라질 것이다. 업무에 관련된 정보뿐 아니라 흥미 있는 것, 공부해 보고 싶은 것, 1년 후의 즐거운 계획까지 모조리 컴퓨터 안에 차곡차곡 들어 있기 때문이다.

업무를 마친 후의 밤 시간이나 휴일에 쉬고 있는 동안에도 '자, 이제 뭔가 해볼까' 하는 마음이 들면, 컴퓨터의 전원을 켜면 된다. 그전까지는 컴퓨터의 전원을 켜면 곧바로 인터넷에 접속했다. 인터넷에 접속하면 그것으로 게임은 끝이다. 그 뒤로는 정보를 검색하느라 시간을 다 써버린다. 본래 해야 할 일이나, 하고 싶은 일이 있었으나 쏟아지는 정보에 휘둘려 새까맣게 잊어버리고 만다.

그러나 일지부터 시작한다면 다르다. 일지에는 내가 정말로 해보고 싶은 일이나 착수한 일들이 언제든 시작할 수 있도록 준비되어 있다.

컴퓨터를 켰을 때 가장 먼저 일지부터 쓰는 습관을 들이자. 예정했던 일을 꼬박꼬박 완수하고 있을 때는 즐거운 마

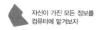

자신이 가진 모든 정보를
컴퓨터에 맡겨보자

음으로 새로운 목표나 계획을 일지에 기록해 보자. '오늘부터 조금씩 영국의 고전 작품들을 다시 읽어보자'라든가 '예전에는 영화를 무척 좋아했으니, 짬이 날 때는 추억의 명화라도 감상해 볼까?'와 같은 식으로 그때그때마다 자신의 흥미와 관심을 생각나는 대로 적어두자.

그러면 이것이 내일부터 새로운 목표가 된다. 이런 것 역시 자신의 정보다. 이러한 자신의 정보를 어쨌든 더욱더 많이 컴퓨터에 저장, 정리해 가면 좋다.

이렇게 하면 점점 더 컴퓨터와 마주하는 시간이 소중해진다. '최근에는 바빠서 나를 위한 시간을 못 가졌구나'라고 느낄 때 '30분이라도 좋으니 해보지 않았던 일에 시간을 할애하자'는 마음이 드는 것이다.

떠오른 아이디어나 생각을 그저 머릿속으로 생각만 하고 아무것도 하지 않으면, 순식간에 잊어버린다. 정신 없이 바쁜 일상 속에 매몰되고 만다. 그런 생각을 워드프로세서로 쳐서 저장만 해도 언제든 다시 읽고 그때의 생각을 떠올릴 수 있다.

이 같은 반복이 우리들을 착실하게 성장시켜 줄 것이다.

컴퓨터에 자신의 모든 정보를 정리, 저장하는 일에는 기대
이상으로 큰 의미가 있는 것이다.

TIP **새로운 목표나 계획을 일지에 쓰고 매일 체크하라.**

취미도 컴퓨터를 이용해 정리할 수 있다(사례)

1. **영화평** : 영화평과 함께 영화 장면이나 동영상을 올려놓을 수 있다.

2. **독서노트** : 자기 기분에 맞춰 글의 순서를 바꿀 수 있다. 첫 문장이 생각나지 않으면 인상적인 장면이나 결론을 먼저 써도 된다.

3. **육아노트** : 아이가 그린 그림을 스캔해 저장할 수 있고, 아이의 육성도 녹음할 수 있다.

4. **요리 레시피** : 설명과 함께 요리 과정을 보여주는 사진을 넣을 수 있다. 하나의 멋진 요리책이 완성된다.

5. **맛집 목록** : 맛집에서 먹었던 요리, 건물 모습, 친절했던 직원 등의 사진과 함께 요리에 대한 평가나 느낌을 써넣을 수 있다.

6. **여행기** : 여행지와 여정에 대한 글도 쓸 수 있고 여행지의 풍경이 담긴 사진도 넣을 수 있다.

05

내 컴퓨터를
깔끔하고
능숙하게
다루자

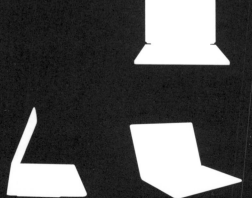

컴퓨터는
정보 정리 도구라는
존재감이 있다

조금 낡거나 성능이 떨어지는 컴퓨터라도 워드프로세서의 기능을 사용하는 데는 별문제가 없다. 주제별로 폴더를 만들어 정보를 저장하거나 갱신하는 것, 재배열하거나 재구성하는 정도의 작업은 컴퓨터 기억 장치의 용량이 작아도 큰 무리가 없다.

실제로 글을 쓰는 데 주안점을 두고 컴퓨터를 사용하는 사람들은 흔히 손에 익숙한 것을 찾는 경우가 많다. 윈도우 버전의 경우 98 이전인 OS를 탑재한 컴퓨터를 애용하는 사람들도 있다.

인터넷 검색 위주로 컴퓨터를 사용하다보면 오래 되거나 성능이 떨어지는 컴퓨터는 작동이 매우 느려져 결국 신형을 찾게 된다. 물론 지금까지 제안해 왔듯이 주로 기록과 저장을 위해 컴퓨터를 사용하는 것이라면 지금 갖고 있는 컴퓨터로도 가능하다.

단, 몇 가지 작업이 선행되어야 한다. 예컨대 컴퓨터 본체에 저장되어 있는 쓸데없는 정보, 사용하지 않는 소프트웨어는 삭제해 본래 상태로 돌려놓고uninstall, 디스크 조각모음defragment이나 스캔디스크를 실행해 컴퓨터 몸을 가볍게 만들어주어야 한다.

이 같은 작업을 실행하면, 컴퓨터를 켰을 때 잡념이 사라진다. 한결 몸이 가벼워진 컴퓨터는 정보 정리를 맡아줄 뿐 아니라 지금 해야 하는 일도 쉽게 가르쳐주기 때문이다. 비서 혹은 신뢰할 수 있는 비즈니스 파트너라고 표현해도 좋을 것이다.

그뿐 아니라 인터넷과 이메일도 사용할 수 있다. 외부 정보를 수집할 수 있고, 정보 발신도 할 수 있다. 이런 든든한 파트너는 어디서도 찾아볼 수 없다.

그러나 지금까지는 어땠는가?

컴퓨터를 그저 인터넷으로 들어가기 위한 입구, 알고 싶은 것은 뭐든 가르쳐주는 도라에몽쯤으로 여기고 있었던 시대

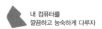

에 컴퓨터는 정보의 창구에 지나지 않았다. 컴퓨터를 내 정보를 도맡아 정리해 주는 신뢰할 수 있는 파트너로 여긴다면, 그 존재감이 백팔십도 달라지지 않을까?

> **TIP** 컴퓨터는 정보 정리를 맡아 해주고 지금 해야 하는 일도 쉽게 가르쳐주는 신뢰할 수 있는 비즈니스 파트너.

정보 정리는
기록함으로써 완료된다

이야기의 순서가 조금 바뀌었는데, 컴퓨터의 워드 프로세서 기능을 재평가하는 것은 말할 것도 없이 '기록하기' 위해서다.

어떤 문장이든 글을 쓸 때에는 컴퓨터만큼 의지가 되는 도구는 없다. 컴퓨터를 켜자마자 제일 먼저 일지부터 시작한다고 가정한다면, 그 일지에서부터 컴퓨터 소유자 각각의 컴퓨터 사용법이 만들어질 것이다. 그러나 업무에 관련된 것이나 공부나 취미, 자신이 현재 추구하고 있는 바를 컴퓨터를 이용해 정리하려 하면, 그 정리의 기본은 글이 된다. 기록함으로써 정보 정리가 끝난다.

꿈에 그리던 해외여행을 갔다고 가정하자. 동경하던 나라나 도시에서 약 일주일간 머무르며 그 매력에 흠뻑 취할 수 있었다. 여행 기간 동안, 사진도 많이 찍고, 먹고 마셨던 요리와 와인 이름도 적어두었다. 쇼핑과 관광, 거리 풍경도 사진에 담거나 그 감상을 짤막하게 기록해 두었다. 매일 지출한 돈 내역도 메모해 두었다. 여행 중에 더듬거리며 배운 프랑스어(혹은 이탈리아어, 스페인어, 어쨌든 현지 언어)도 메모해 남겨두었다.

이런 모든 정보는 단편적인 정보 그대로도 충분히 여행의 추억이 되지만, 어떤 사람들은 이 정보를 정리해 보고 싶은 생각도 들 것이다. 이때가 컴퓨터가 등장할 차례다. 디지털 카메라로 찍은 사진을 컴퓨터에 저장하고, 음식과 와인의 목록도 파일로 저장할 수 있다. 지출한 여행 경비도 외국어도 저장할 수 있다.

그러나 이런 정보를 그저 저장하는 것만으로는 왠지 부족하다. 가장 중요한 것이 빠진 듯한 기분이 든다. 바로 내 감

정의 움직임이나 여행 중에 경험한 것, 그때 생각했던 것, 느낀 점이 빠져 있는 것이다. 만났던 사람들의 인상이나 '이렇게 했으면 좋았을걸', '저렇게 했으면 좋았을걸' 하는 자신의 감정도 표현되지 않았다. 그런 것들을 꼼꼼하게 기록하는 것도 필요하다.

'기록하는 것'은 중요하다. 추억으로 갖고 돌아온 많은 정보들을 연결해서 내 감정의 움직임을 기록해 정리할 수 있다면 정보 정리는 완벽해진다. 기록이 정보 정리를 완료한다.

TIP **컴퓨터에 저장한 정보들은 글로 엮어야 비로소 정리된 정보로 완성된다.**

정보 정리가 끝났을 때
발신이 가능해진다

방금 설명한 내용을 컴퓨터로 실행하는 일은 조금도 어렵지 않다. 예를 들어, 좀 더 표준적인 워드프로세서 소프트웨어인 '마이크로소프트 워드'에서도 모니터 화면상의 글 원고에 사진이나 지도를 삽입하는 작업을 손쉽게 할 수 있고, 스캐너로도 티켓이나 영수증과 같은 여행 기록을 그대로 넣을 수 있다.

날짜를 제목으로 삼으면 여행 중에 있었던 일을 시간 순서대로 재현할 수 있고, 그때 자신이 느끼고 생각했던 것도 글로 기록할 수 있을 것이다. 이 기록은 이제 번듯한 여행기가 될 것이다.

여행뿐만이 아니다. 자신의 취미나 공부도 테마를 구분해 정보를 정리하고 글을 써서 이어 나간다면, 그 단계에서 정보 정리는 완료된다. 컬렉션을 좋아하는 사람이라면, 그 수집품을 보관만 하기보다는 사진으로 찍거나 스캔을 해서 컴퓨터에 저장하고, 각 수집품마다 입수 경위와 설명을 덧붙여 정리하는 것이 좋다. 이렇게 정보 정리가 끝나면 하나의 '작품'이 탄생된다. 여행기든 컬렉션 목록이든 이는 자신의 손을 떠난 '작품'이라고 불러도 좋다. 그러한 작품은 그대로 남에게 선보일 수 있다.

이럴 경우에 컴퓨터는 아주 편리하다. 인쇄를 할 수도 있고 한데 모아 블로그에 공개할 수도 있기 때문이다. 실제로

여행기든 컬렉션이든 분야를 정해 정보를 내보내면 흥미를 느끼는 독자들을 얻을 수 있다. 자신의 컴퓨터에 저장해 놓고 혼자 읽기보다는 불특정 다수의 사람들에게 공개하는 편이 더 의욕을 불러일으킬 것이다.

또 작품으로 모아 정리하면 그 시점에 저장하고 있던 여러 정보를 삭제할 수 있다. 예컨대 사진이나 메모, 데이터 등 몇 가지 파일에 분산되어 있었던 정보는 이미 유용하게 활용했거나 재구성해서 사용했기 때문에 더 이상은 필요가 없다. 파일 통째로 버려도 된다.

이렇게 작품화를 통해 정리함으로써 컴퓨터 자체가 정리된다. 컴퓨터를 언제나 깔끔하고 간편하게 사용할 수 있는 것이다.

TIP **정보를 글로 엮어서 정리가 끝나면 남에게 선보일 수 있는 하나의 작품이 탄생된다.**

정보 정리가 서툰 사람은
작품화가 '젬병'

앞의 이야기와 이어지는 내용으로, 작품화(여기에는 다양한 형태가 포함된다)를 하면 더 이상 필요하지 않은 정보가 생겨난다. 많은 정보를 바탕으로 하나의 작품을 만들어내는 것은 그 정보들 중에서 쓸모 있는 것들만을 선택하는 작업이다. 관점을 달리해 말한다면 하나의 작품을 만들어내는 것은 정보를 버리는 작업이 된다는 뜻이다.

예컨대 사진이 그렇다. 여행하는 동안에는 디지털카메라로 사진을 많이 찍는다. 같은 앵글로 똑같은 풍경이나 컷을 여러 장씩 찍어댄다. 이 사진들을 그저 컴퓨터에 저장하기만 한다면, 이를 두고 정리했다고 말할 수는 없다.

그러나 많은 사진들 중에서 마음에 드는 것만을 골라 여행기와 같은 작품에 사용했을 때는 선택된 것 이외의 사진은 필요 없어진다. 앨범이라고 생각해 보관하거나 다른 작품에 사용할 요량으로 놔두는 것은 자유겠지만, 정보 정리를 하기 위해서는 '채택되지 않은 정보'는 과감히 버리는 것이 낫다.

더욱이 현실적으로 생각해 봐도 컴퓨터 안에 단순히 저장되어 있는 사진은 쓸모가 없다. 마음에 든 사진은 작품에 전부 사용했으므로 그 외의 사진들을 모조리 버린다고 해도 특별히 문제될 일은 없을 것이다.

이와 같은 일은 다양한 정보나 데이터에도 적용된다. 예컨대 논문이나 리포트를 작성할 경우에도 사용할 수 있는 데이터와 사용할 수 없는 데이터가 있다. 정보를 수집하는 단계에서는 조금이라도 쓸모 있을 듯싶은 것은 모조리 수집하지만, 막상 작품(논문이나 리포트)에 활용하려고 생각하면 사용할 수 있는 데이터는 한정되어 있다.

이런 경우에도 사용하지 않았던 정보는 정리하는 수밖에 없다. 생각하기에 따라 오히려 불필요한 정보를 버리기 위해 작품화를 목표로 한다는 말이 더 적절할지도 모른다. 그런 점에서 정보 정리가 서툰 사람은 작품화가 '젬병'인 사람이라는 논리도 가능할 것이다. 많은 정보를 앞에 두고 그중에서 무엇을 선택할지 판단하는 데 시간이 걸리기 때문이다.

반대로 정보 정리가 능한 사람은 작품화가 특기인 사람이다. 그들은 수많은 데이터와 정보 중에서 쓸모 있을 법한 것만을 선택해 논문을 알기 쉽게 구성하거나 리포트의 내용을 논리적으로 전개해 나갈 수 있기 때문이다. 정보 정리를 잘하는 사람은 체계적이고 속도감 있는 사고를 할 줄 아는 사람이다.

TIP 정보를 잘 정리하는 사람은 정보를 작품화하는 데도 능숙하다.

장문의 정보도
작품화로 정리된다

정보들 중에는 신문이나 잡지 기사, 인터넷 웹페이지와 같은 장문長文의 정보가 많이 포함된다.

이 정보들을 어떻게 처리하는지에 따라 정보를 정리하는 속도가 크게 달라진다. 만일 이 장문의 정보들을 버릴 수 있다면, 그만큼 컴퓨터 작업이 훨씬 수월해질 것이다. 이 경우 정보를 처리하는 능력은 '요약하는 힘'이라고 바꿔 말할 수 있을 것이다. 장문의 기사나 웹페이지를 읽고 그 내용이나 논점을 대략적이라도 금방 이해할 수 있는 사람은 정보 정리

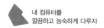

도 신속하게 할 수 있다.

이는 앞에서 말한 내용과도 일맥상통한다. 다시 말해 정보화 사회이기 때문에 과거보다 정보를 집약하는 기술과 정보를 해독하는 능력이 더 요구된다는 것이다. 요약하는 능력이 부족한 사람은 매스컴을 통해 아무리 정보를 수집하고 인터넷을 검색해 정보에 접근한다 해도 정보를 자신의 것으로 만들지 못한다. 정보를 이해하지 못하는데 정보를 처리한다는 것은 불가능하다.

그러나 작품화를 목표로 하겠다고 마음을 먹는다면 달라진다. 어떤 분야의 어떤 형식이든 몇 가지 정보를 통합해 하나의 작품으로 완성하려 할 때는 전체적인 흐름에 대한 틀을 먼저 만들어놓기 때문이다. 예컨대 논문이라면 제목과 요지를 쓰고 개요를 작성할 것이다. 이 점은 여행기처럼 취미로 만드는 작품이라도 마찬가지다.

작품에 대한 뼈대가 잡혀 있기 때문에 많은 정보를 접한다 해도 자신에게 필요한 정보가 무엇인지 쉽게 선별할 수 있다. 예를 들어 여행기에서 음식이나 와인 이야기를 주된 테마로 삼는다면 토산물에 관한 정보는 넣지 않는 편이 낫다.

주제에서 벗어나는 정보는 글의 내용을 흩트릴 뿐이다.

게다가 당연한 말이겠지만, 작품화를 하려고 생각할 정도라면 지식도 갖추고 있다는 뜻이다. 정보를 요약하는 힘이 갖춰져 있는 것이다.

이런 경우 정보 처리도 빨라진다. 한눈에 보고 사용할지, 안 할지를 바로 결정할 수 있다. 장문으로 된 정보라도 자신에게 필요한 정보인지 아닌지 빨리 판단할 수 있을 것이다. 이런 작품화야말로 정보의 선택과 정리를 단숨에 진행시켜 주는 작업이 아닐까?

 정보를 처리하는 능력은 요약하는 힘이다.

손대지 않는 정보는
일단 버리자

생각을 달리 한다면, 다음과 같은 말도 할 수 있을 것이다. 주변에 있는 정보를 그대로 보존하고만 있다는 것은 아직 작품화를

할 수 없다는 뜻이다. 정보에 대한 이해도 부족하고, 활용 방법도 모른다는 것이다.

이 '주변에 있는 정보'란 주로 종이 정보가 된다. 신문이나 잡지에서 오려낸 것이나 책도 포함될 것이다. 비즈니스 잡지나 종합 잡지 등에서 특집 기사가 나온 경우에는 잡지 통째로 보관하고 있는 경우도 있을 것이다.

그러나 신문이나 잡지의 정보는 오래될수록 이용 가치가 적어진다. 그중에는 오래돼서 더 가치가 높아지는 정보도 있을지 모르지만, 그 정보를 사용하지 않고 내버려두고 있다는 것은 어떤 경우든 손대지 않은 정보인 셈이다. 과거에는 흥미가 있었지만 지금은 다른 분야로 관심이 옮겨가 정보를 방치하고 있는 것이다.

그런 정보는 활용할 수 없는 것이니 버리는 것이 좋다. 나중에 필요할지도 모른다는 불안감은 갖지 않아도 된다. 지금 관심 있는 분야의 정보도 주변에 널려 있기 때문이다. 정보를 정리하는 일, 즉 작품화에 착수하는 것이 먼저 해야 할 과제다.

따라서 과감하게 정보를 버릴 필요가 있다. 그렇다면 어떤 기준으로 정보를 버려야 할까?

정보를 버릴지 보관할지는 지금 당장 필요하냐 아니냐의 문제로만 결정하면 된다. 이는 중요하냐 아니냐가 아닌, 단순한 사용 빈도상의 문제이다. '중요하냐, 아니냐'를 따지게 되면 버리기가 어려워진다. 어떤 정보든 그 당시에는 중요하다고 여겼거나 언젠가 중요해질 것이라고 생각했기 때문에 저장해 두었던 것이다.

그러니 지금 당장 필요하냐 아니냐의 문제만으로 판단하면 답은 간단하게 나온다. 정기적은 아니더라도 지금 현재 그 정보를 이용하고 있는가, 아닌가? 혹은 다음에 할 업무나 공부에 이용할 생각이 있는가, 없는가?

이용하고 있거나 이용할 예정이라면 그대로 두면 된다. 책이나 잡지, 파일이나 서류와 같은 종이 정보라면 그대로 보관해 두면 되는 것이다.

그렇지 않은 경우는 버린다. 주변에 있는 정보를 깨끗하게 정리해 지금 해야 할 일에 집중할 수 있는 환경을 조성한다. 이런 방법이 결과적으로 정보를 낭비 없이 활용할 수 있는 길이 될 것이다.

식사로 비유하자면 다 먹지도 못할 만큼의 많은 요리를 늘어놓기보다는 좋아하는 요리 두세 가지만 있는 편이 차분하게 식사를 즐길 수 있고, 요리의 맛도 느낄 수 있는 것이다.

TIP 정보를 버릴 때는 '중요하냐, 아니냐'가 아닌 '지금 필요하냐, 아니냐'를 따져서 버려라.

가치 있는 정보는
가치 없는 정보를
밀어낸다

'정리' 하면 떠오르는 것이 과거 베스트셀러였던 노구치 유키오野口悠紀雄 의 『초정리법』이라는 책이다. 이 책에서 노구치 유키오는 '밀어내기 파일링'이라는 정리법을 제안했다.

이 방법은 앞에서 소개한 스와 구니오 교수의 책, 『정보를 버리는 기술』에서 의견을 같이하는 정리법인데, 간단하게 설명하자면 '가장 최근에 사용한 파일을 맨 앞에 놓는' 정리법이다.

보통 서류나 파일은 주제별로 분류하거나 제목의 머리글자를 가나다순으로 배열해 서류함이나 파일 상자에 보관한다. 그러나 이 같은 정리법에는 단점이 있다. 사용하지 않는 파일이나 서류가 자주 사용하는 것들과 같은 줄에 놓이게 된다는 것이다. 새로운 파일이나 서류가 생기면 그것 역시 그때까지의 분류 방식에 따라 가나다순으로 정해진 자리에 보관되곤 하는데, 이는 사용 빈도나 시간적 선후를 무시한 정리법이다.

'밀어내기 파일링'은 다르다. 항상 가장 가까운 곳에 가장 최근에 사용한 서류나 파일이 놓이게 된다. 새로운 파일이 만들어지면 그 역시 가장 가까이에 놓아둔다. 이렇게 되면 한 번도 사용하지 않는 파일이나 서류는 점차 뒤로 밀리게 되고 마침내 공간이 부족해지면 뒤로 밀려나 보이지 않게 된다. 그렇게 되면 그 정보는 더 이상 필요 없는 것이다. 당장에 이용 가치가 있는 정보가 이용 가치 없는 정보를 밀어낸 셈이다.

이 정리법은 정보를 시간 순서대로 정리하는 방법이다. 가장 가까이에 있는 정보일수록 최근까지 사용한 정보이고, 뒤

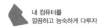

로 갈수록 오래전에 사용한 정보다.

버리는 것도 간단하다. '여기서부터 뒤로 밀려난 정보는 더 이상 필요 없다'고 결심만 하면 된다. 오래된 정보를 버린다고 해서 곤란한 상황이 벌어지지는 않을 것이다.

남겨진 정보들은 어느 것이나 최근에 사용한 것들이므로 찾을 때도 수월하다. 주제별로 분류하지 않아도 가까운 곳부터 훑어보면 되니 금방 찾을 수 있다.

TIP '밀어내기 파일링'은 가장 최근의 정보와 자주 쓰는 정보를 앞에 놓게 하는 효과적인 정리법이다.

귀찮아 말고
'새 폴더'를 만들어라

컴퓨터의 경우 폴더 안에 있는 파일은 갱신한 날짜순으로 정렬할 수 있으므로 이용하지 않는 파일이나 사용 빈도가 낮은 파일을 찾는 일은 간단하다. 게다가 각각의 파일에는 최종 갱신 날짜가 표시되어 있다.

이런 시스템은 아주 편리해서 한 번 보는 것만으로 그 파일에 언제 손을 댔는지 알 수 있다. 반년 혹은 일 년이나 손대지 않은 파일은 앞에서 이야기한 '밀어내기 파일링'에서 배운 대로 버릴 수 있다.

컴퓨터의 최대 장점은 사용하지 않는 파일을 삭제하지 않아도 큰 무리가 없다는 점이다. 파일별로 분류되어 있다면 찾는 것도 간단하다. 사용하지 않는 파일은 쌓아둬도 아무런 의미가 없으니 작품화가 끝나면 관련 파일을 모두 삭제할 수 있다.

단, 이 같은 사용법을 속도감 있게 실행하기 위해서는 몇 가지 주의할 점이 있다. 우선 귀찮더라도 폴더는 주제별로 만들라는 것이다. 평소에 컴퓨터로 정보를 정리하고 작품화를 하는 사람이면 누구나 이해하는 일이지만 오직 인터넷을 하기 위해 컴퓨터를 사용하고 있는 사람은 폴더에 무심한 경우가 많은 듯하다.

예를 들어, 윈도우에는 '내 문서my document'라는 큰 폴더가 있다. 저장할 곳을 특별히 지정하지 않는 한, 문자 정보 파일은 자동적으로 이 큰 폴더 안에 저장된다. 그러면 단편적인 글이나 문서, 마무리하지 못한 원고, 독서 일기, 작업 일지도 전부 이 폴더 안의 파일에 들어가게 된다. 그러나 이런 방식은 바람직하지 않다. 파일 자체가 너무 커져버리기 때문이다.

독서 일기의 경우에는 읽은 책에 대한 감상과 느낀 점을 장황하게 늘어놓을 수 있다. 5권이든 10권이든 계속 이어지게 된다. 하지만 너무 길어지면 이어서 쓰기가 불편하므로 새로운 파일을 만들게 되는데, 이렇게 되면 폴더 안에 또 다시 새로운 파일이 넘쳐나 폴더 안이 점점 복잡해지는 것이다. 그렇기 때문에 다소 귀찮더라도 주제별로 새로운 폴더를 만드는 것이 좋다.

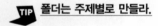
TIP 폴더는 주제별로 만들라.

폴더 수를 늘리면

정리도 삭제도 휴대도 간편

폴더를 만드는 일은 '새 폴더 만들기'라는 아이콘을 클릭하면 끝이다. 아주 간단하다. 독서 일기라면 이 폴더에 '독서 일기'라는 제목을 단다. 그런 다음 책을 읽고 감상을 쓰고 싶을 때는 한 권(한 작품)마다 파일을 만들어 '독서 일기' 폴더에 저장하면 된다.

이런 방법이라면 몇 권의 책을 읽으면서 독서 일기를 동시에 진행해서 작성할 수 있다. 예컨대, 『카라마조프의 형제들』과 같은 여러 장으로 이루어진 장편소설을 읽기 시작할 때도 각 장마다 감상을 적거나 감동을 받은 부분에서 감상을 기입할 수 있다. 이와 병행해 또 한 권의 책인 경제 경영서를 읽을 때도 제목을 붙여 감상을 적을 수 있는 것이다.

그러나 '독서 일기'를 하나의 파일에 담아버리면 감상을 따로따로 분류해서 기록할 수 없다. 그러니 각 권마다 파일을 만드는 편이 훨씬 편리하다.

이 방법은 정리도 간단하다. '이 책에 대한 파일이 필요 없다'는 생각이 들 때 삭제해 버리면 그만이기 때문이다. 불필

요한 독서 일기만을 선택해 삭제할 수 있다.

폴더별로 외장 하드디스크나 메모리 카드에 저장할 수 있으므로 예를 들어 여름방학에 실컷 책을 읽자고 마음먹었다면 외장 하드디스크나 메모리 카드를 여행지나 체재지에 가져가 사용할 수도 있다.

말할 필요도 없는 일이지만 이런 방법도 컴퓨터의 '입구'를 깔끔하게 만든다. '내 문서'를 현관으로 가정했을 때, 거기에 잡다한 파일이 뒤죽박죽 늘어서는 일이 없어지기 때문이다. 몇 개의 폴더가 있는데 그 폴더에서 내 작업을 위한 파일로 들어가면 된다.

어쨌든 손이 많이 가는 작업은 아니다. 컴퓨터를 깔끔하게 사용하기 위해서라도 주제별이나 분야별로 폴더를 만들어두는 일은 정보 정리를 위한 중요한 단계가 된다.

TIP 하나의 주제로 분류된 폴더 안에서도 파일을 주제나 제목별로 나눠 만들어라.

컴퓨터를 단순하게
사용하는 것이 정보화 사회에
발맞춰 나가는 것

내가 거듭해서 제안하는 것은 자신의 컴퓨터를 단순하게 사용하자는 것이다. 인터넷이 주요한 기능이 된 지금의 컴퓨터 사용법을 재검토하고, 업무나 공부, 취미에 컴퓨터를 활용해서 실질적인 작업을 진행시켜 보자는 것이다.

컴퓨터 전원을 켜고 어떤 목적도 없이 무작정 네이버나 야후, 구글로 들어가 뉴스나 재미있는 화젯거리를 찾는 것, 검색엔진을 통해 무분별하게 여러 사이트로 들어가 시간을 낭비하는 습관을 조금씩 고쳐 나가야 한다.

물론 인터넷이나 검색엔진을 통해 정보를 검색하는 것은 매우 편리한 기능이기 때문에 기본적인 지식만 있으면 정보를 간추려 효과적으로 활용할 수 있다. 이런 기능은 앞으로 더욱더 많이 활용해야 할 필요가 있다.

그러나 이렇게 하기 위해서라도 먼저 컴퓨터에 저장한 정보를 정리하고, 다양한 형태로 작품화를 꾀해 지식을 충실하게 다지는 작업이 필요해질 것이다. 자신의 컴퓨터를 단순하게 사용한다는 말은 이 같은 '실질적'인 작업을 컴퓨터로 계속 실행해 본다는 뜻이다.

과거 워드프로세서가 등장했을 때 사람들은 그 편리성에 깜짝 놀랐다. 워드프로세서를 다루는 데 점차 능숙해짐에 따라 사람들은 가정에서 글을 쓰거나 짤막한 전단지나 안내장을 인쇄하거나 일에 필요한 문서를 작성하는 등 다양한 사용법을 보다 많이 실행하게 되었다.

그런데 컴퓨터가 등장하자 이 같은 워드프로세서 기능이 더욱 충실해졌음에도 불구하고 사람들은 컴퓨터를 인터넷 정보를 수집하는 도구로만 주목하게 되었다.

"요즘 세상에 컴퓨터를 워드프로세서로만 사용하는 사람은 멍청이다."라든가 "정보화 사회에 뒤처진다."와 같은 말이 자연스럽게 오가고 있다.

과연 어느 쪽이 진짜 멍청이였다고 말할 수 있을까? 어느 쪽이 정보화 사회에 뒤처지고 있다고 말할 수 있을까? 바로 인터넷 정보에 희롱당하고 있는 사람이 진짜 멍청이이고, 정보화 사회에 뒤처져 있는 사람이다.

부디 자신의 컴퓨터를 실무에 능한 도구로 재인식하라. 컴

퓨터를 깔끔하게 사용하는 사람이 지식 사회에서 살아남을

수 있는 사람이라는 사실을 깨닫기 바란다.

TIP 목적도 없이 인터넷을 검색하며 시간을 낭비하지 말고 업무나 공
부, 취미에 컴퓨터를 활용해서 실질적인 작업을 진행시켜라.

정보 정리의 마무리는 글이다!

1. 단편적인 정보를 저장하는 것만으로는 부족하다. **자신의 생각, 감정을 덧붙여 꼼꼼하게 기록해야 한다.** 그러한 기록이 정보 정리를 완료시킨다.

2. **정보를 글로 엮으면 하나의 작품이 탄생된다.** 작품은 남에게 선보일 수 있다. 인쇄할 수도 있고 블로그에 공개할 수도 있다. 흥미를 느끼는 독자들은 블로그의 정보를 자신의 컴퓨터에 저장할 것이다. 인터넷에 공개함으로써 자신의 작품이 또 하나의 독자적인 정보로 세상에 태어나는 것이다.

3. **작품화가 컴퓨터의 정보 정리를 돕는다.** 여러 가지 정보를 활용해 한 편의 글을 작성하고 나면 그 안에 사용한 정보는 컴퓨터에서 삭제해도 된다. 하나의 작품이 만들어지면서 컴퓨터에 분산되어 있던 정보를 정리해 주는 것이다.

06

이메일
정보는
내 생활 리듬에
맞춰
정리하자

이메일을
하루에 몇 번씩 체크하는 건
어리석은 일

컴퓨터에는 인터넷과 함께 사용법에 주의해 야 할 또 한 가지 기능 이 있다. 바로 이메일이다. 이메일은 원래 전화나 우편 대신 에 메시지를 보내는 단순한 통신수단이었지만 몇 가지 이유 때문에 요즘에는 업무상으로나 사적으로 꼭 필요한 기능이 되었다.

그중 한 가지 이유가 정보를 '첨부'할 수 있다는 점이다. 컴퓨터 안에 있는 파일은 종류와 양에 관계 없이 신속하게 상대방에게 보낼 수 있다.

이런 점은 나처럼 원고를 집필하는 직업에 종사하는 사람 에게는 매우 편리한 기능이다. 사진이나 일러스트도 첨부할 수 있으니 편집자들도 한결 수고를 덜 수 있을 것이다.

그러나 이 같은 편리성을 인정한다 하더라도 이메일을 이용할 때는 주의해야 한다. 대개 이메일을 받으면 적당히 받아넘기기 어렵다. 배달된 이메일에는 즉시 답장을 해야 하는 경우가 있다. 첨부된 파일을 신속하게 처리하지 않으면 안 되는 경우도 있다.

인터넷 정보는 그저 읽고 나면 끝이지만 이메일은 그렇지 않다. 자신에게 온 정보이므로 받은 후에 어떤 식으로든 반응을 보여야 한다.

따라서 이메일 정보에 끌려 다니기 쉽다고 말할 수 있다. 이에 대한 좋은 예로, 휴대전화의 문자메시지를 받으면 이를 무시하지 못하는 사람들을 들 수 있을 것이다. 그들은 휴대전화에 문자메시지가 들어오면, 그 즉시 짧막하게라도 답장을 보내야 한다고 생각한다. 그 결과 사람들은 끊임없이 문자메시지를 체크하는 버릇을 갖게 됐다.

컴퓨터의 경우, 이메일을 자주 체크하는 것은 시간 낭비다. 상대가 보내는 자료나 정보가 필요해서 이메일을 기다리고 있을 때를 제외하면 평소 자신의 일이나 생활 리듬에 맞춰 적당한 시간대를 정해 놓고 그 시간에만 이메일을 체크하는 것이 좋다. 그것이 이메일 정보에 끌려 다니지 않는 한 가지 요령이 될 것이다.

TIP **자주 이메일을 체크해서 생활 리듬을 깨지 말고 시간을 정해 이메일을 체크하라.**

집에서
이메일 체크는
하루에 한 번으로 충분

공적인 용건이든 사적인 용건이든 급한 용무일 때는 보통 전화를 한다. 이메일로 보낸 용건은 하루 이틀 사이에 답장을 받으면 그것으로 충분하다. 오늘 보낸 이메일의 답장을 다음 날 받을 수 있으면 된다. 그날 중에 답장을 받아야 하는 급한 경우라면, 보통 이메일을 쓰지 않고 전화를 할 것이다.

그렇다면 이메일 체크는 하루에 한 번이면 충분하다. 다만 직장에 다니는 사람은 퇴근한 후에도 이메일이 올 수 있으니 하루에 한 번만 체크하는 것은 부족할 수 있다. 그래서 아침

저녁으로 한 번씩 이메일을 체크하는 사람도 많을 것이다.

그러나 내 집에 있는 컴퓨터는 하루 한 번이면 충분하다. 지금까지 말해 왔듯이, 컴퓨터를 정보 정리를 위한 도구로 재평가하고 자신이 좋아하고 흥미를 느끼는 세계에서 작품을 만드는 것을 목표로 한다면 이메일에 휘둘릴 시간 같은 것은 없을 것이기 때문이다.

게다가 이메일은 그 정보의 내용에 따라서 이쪽의 생활 리듬을 흐트러뜨린다. 설명하자면 다음과 같다.

이메일을 체크하면 어떤 정보를 얻게 된다. 시간이 없을 때 이메일을 체크하면 신경 써야 할 정보가 늘어나는 것이다. 예컨대 친구로부터 '조만간 얼굴을 보고 싶으니 괜찮은 날짜와 시간을 알려달라'는 이메일이 왔다고 치자. '이 이메일은 될 수 있는 한 빨리 답장을 보내는 편이 좋겠군' 하고 생각하지만, 답장을 보내기 위해서는 자신의 스케줄이나 업무의 진행 상황을 고려해 "이때쯤이면 괜찮겠다."라는 여유 있는 날짜와 시간을 정해야 한다. 이 밖에도 먼 곳에 살고 있는 친구로부터 "보고 싶다. 잘 지내니?"와 같은 이메일이 올지도 모른다. 그런 이메일은 느긋한 마음으로 답장을 쓰고 싶을 것이다.

이렇게 생각한다면 어떤 경우든 집에 있는 컴퓨터로 이메일을 체크하는 것은 하루에 한 번, 그것도 30분 정도는 느긋하게 볼 수 있는 시간대에 하는 것이 가장 좋을 것이다. 이 시간대가 언제냐고 묻는다면, 퇴근해서 집에 돌아가 한숨 돌렸을 때가 아닐까?

동료나 친구로부터 온 이메일을 체크해 답장을 보낼 수 있는 것은 그 자리에서 써서 보내고, 그렇지 않은 경우는 피로에 지친 신경을 달래고 난 후에 충분히 시간을 갖고 답장을 쓰는 것이 좋다. 이런 생활 리듬이 중요할 것이다.

TIP **이메일은 하루에 한 번만 체크하고, 정보를 작품화하는 데에 몰두하라.**

이메일 한 통의 용량은
작지만 함부로 다룰 수 없는
정보도 있다

인터넷 쇼핑이 아주 흔한 일이 되었다. 예를 들어 아마존과 같은 온라인 서점에서 읽고 싶은 책을 구입하는 것은 드문 일이 아니다. 고속열차의 기차표를 구입할 때나 호텔을 예약할 때도 인터넷을 이용하는 사람들이 많을 것이다.

이런 경우에 구입하는 절차는 인터넷으로 할 수 있지만 주문이나 예약 확인, 상품을 발송했다는 통지 등은 이메일이나 휴대폰의 문자메시지로 오게 된다.

또한 다양한 패스워드나 인증 아이디도 이메일로 발송된다. 신용카드의 발급 절차나 상품의 구입 등은 모두 이 같은 패스워드나 인증 아이디가 없으면 웹사이트로 들어갈 수 없게 되어 있다.

따라서 이메일 정보는 매우 중요한 개인 정보가 되므로 아무렇게나 다룰 수 없다. 이메일 정보는 하나하나의 용량은 작지만 처리할 때는 주의를 기울여야 한다.

집에 있는 컴퓨터의 이메일 체크는 하루에 한 번으로 족하지만, 그 한 번을 될 수 있으면 여유로운 시간대에 하라고 제안하는 것도 이 같은 이유가 있기 때문이다. 분주하고 정신이 없을 때 자칫 실수해서 중요한 정보를 삭제하거나, 저장해 놓고 저장한 사실조차 잊어버리는 경우가 있다.

요즘은 스팸 메일도 기승을 부리고 있다. 영문 이메일을 포함해서 스팸 메일과 광고 메일로 골머리를 앓고 있는 사람들이 많을 것이다. 며칠만 정리하지 않아도 스팸 메일이 수십 통씩 쌓인다. 그런 이메일은 '열어보지 말고 바로 삭제하기'가 원칙이다. 그래서 흔히 사람들은 제목만 읽고 이메일을 바로바로 삭제하게 된다.

그런데 문제는 그러다가 실수로 중요한 이메일을 삭제하는 경우도 생긴다는 점이다. 이메일을 삭제할 때는 반드시 주의를 기울여야 한다. 어느 개인 사무실 경영자는 매일 아침, 이런 스팸 메일을 삭제하는 데만 20분이 걸린다고 털어놓았다. '전체'를 선택해 삭제할 수 없기 때문이었다. 중요한 이메일이 군데군데 섞여 있기 때문에 일단 본문을 읽어본 후 한 건씩 삭제한다고 한다.

이처럼 이메일 정보는 옥석혼효의 상태이다. 이메일 정보를 올바르게 구분해 그 자리에서 적절하게 처리하기 위해서라도 여유로운 시간대에 차분한 마음으로 작업에 임하지 않으면 안 되는 것이다.

 이메일을 처리할 때는 중요한 정보를 삭제하지 않도록 주의하라.

시간이 있을 때
이메일 정보를 정리하자

일반적으로 많이 쓰는 이메일 소프트웨어는 '아웃룩 익스프레스Outlook Express'라고 여겨지는데, 이메일은 한 건 한 건의 정보량이 작기 때문에 이메일 정리를 뒤로 미룬다 해도 용량이 초과되는 일은 없다.

따라서 '이 이메일을 어떻게 답변해야 할지' 망설여질 때는 일단 그대로 놔둬도 좋다. 급하게 답변을 해야 하는 경우가 아닌 한, 서둘러 답장을 보낼 필요는 없다.

다만 어떤 경우든 그냥 방치해서는 안 되는 이메일 정보가

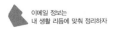
이메일 정보는
내 생활 리듬에 맞춰 정리하자

있다. 앞에서 예로 들었던 패스워드나 인증 아이디도 그러한
데, 답변을 하든 저장을 하든 제대로 처리하지 않으면 이메
일 소프트웨어 안에는 잡다한 정보가 남아 있게 된다.

이메일 주소록도 중요한 이메일 정보에 속한다. 이메일 소
프트웨어 한 가지를 장기간 사용하면 주소록에 이메일 주소
가 점점 쌓이게 되는데, 그중에는 변경되어 더 이상 사용하
지 않는 주소나 본 기억이 없는 생소한 주소도 섞여 있다. 답
장을 누르면 자동적으로 상대의 주소가 입력되기 때문에 예
컨대 사용할 일 없는 인터넷 숍 주소 등도 정리되지 않은 채
그대로 방치되어 있는 경우가 많을 것이다.

그런 주소록도 시간이 있을 때 정리해 두는 편이 좋다. 잘
못된 주소로 이메일을 보내는 실수를 종종 저지르기 때문이
다. 언제까지나 불필요한 주소를 정리하지 않고 남겨둔다면
주소록이 어수선하고 복잡해진다.

인터넷 정보와 달리, 이메일 정보는 상호통행이다. 읽은
후 적당히 넘겨버리거나 건너뛰면서 읽는 인터넷 정보는 전
부 삭제해도 되지만, 이메일 정보는 그렇지 않다. 자칫 잘못
했다가는 심각한 문제를 일으킬 수도 있다.

이 같은 문제가 발생하지 않도록 하기 위해서라도 시간이 있을 때는 자신의 이메일 정보를 정리해 두라.

TIP **이메일함이 복잡해지지 않도록 시간 나는 대로 정리해 주어야 한다. 이런 정리가 실수를 방지해 준다.**

중요한 이메일 정보는
컴퓨터 본체에
저장하라

'아웃룩 익스프레스'에는 이메일을 중요도에 따라 분류할 수 있는 폴더가 있어서 중요한 정보라고 생각되면 일단 이 폴더로 옮길 수 있게 되어 있다.

그런데 이 폴더에 있으면 그 중요한 이메일을 이용할 때마다 이메일 소프트웨어가 작동된다. 금방 이메일의 송수신 상황을 알 수 있게 되는 것이다. 그러나 이것은 좋은 방법이 아니다.

수신된 이메일이 있으면 자연스럽게 이메일을 열어보게

되기 때문이다. 그러면 다시 이메일 정보를 처리하게 된다. 이메일 체크는 여유 있는 시간에 하루에 한 번만 하기로 정해 놓았으면서 전혀 그럴 의도가 없었는데도 이메일을 읽게 되는 것이다. 이렇게 되면 자신의 생활 리듬이 깨져버리게 된다.

중요한 이메일만 모아놓는 폴더에는 보통 앞에서 말한 패스워드나 인증 아이디 외에도 업무상 약속이나 중요한 결정사항, 그 자리에서 판단이 서지 않는 일이나 중요한 정보 등이 저장되어 있을 것이다. 이 같은 정보는 컴퓨터를 사용해 문서를 작성할 때 집어넣거나 혹은 프린트로 출력할 수도 있다. 기획서나 제안서에 활용되는 경우도 있을 것이다.

어떤 경우든 이메일 소프트웨어 안에 저장해 두면 사용하기 힘들고, 정보를 정리한 것도 아니게 된다. 휴대하고 다닐 수도 없다.

그러니 이메일 소프트웨어 안의 중요한 이메일들은 될 수 있으면 이른 단계, 즉 가능하다면 이메일을 체크할 때 컴퓨터 본체에 폴더를 만들어 그곳에 저장해라.

이 작업은 조금도 번거롭지 않다. 하지만 이런 작업을 미리 해두면, 하루에 한 번만 이메일을 체크해도 충분히 이메일 정보를 처리할 수 있게 된다.

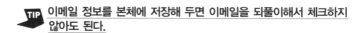

TIP 이메일 정보를 본체에 저장해 두면 이메일을 되풀이해서 체크하지 않아도 된다.

이메일을 쓸 때는
항상 정중함을
잊지 말 것

이메일은 기본적으로는 엽서 혹은 편지와 같다.

이메일과 성격이 비슷한 휴대전화 문자메시지는 이런 느낌이 없다. 오히려 휴대전화의 문자메시지는 전화와 비슷한 느낌을 준다. 간단한 말이 짧은 간격으로 오고가므로 음성 대신에 문자로 대화를 나누고 있는 전화인 셈이다.

반면 컴퓨터의 이메일은 어떨까?

휴대전화의 문자메시지만큼 '스스럼없지도' 않고, 그렇다고 용건만 사무적으로 전달하면 되는 것도 아니다.

이런 점이 이메일의 까다로운 부분이다. 이메일은 주로 짧은 문장으로 쓰여지고 필요한 정보만을 정확하게 전달한다. 엽서나 편지처럼 형식적이고 어색한 서두나 인사말은 필요하지 않다. 이메일의 경우 철저하게 사무적으로 쓰는 것과 배려와 친밀감을 드러내며 쓰는 것, 이 둘의 균형을 맞추기 어렵다.

그러나 정보를 취급한다는 점에서 생각한다면, 이메일을 쓸 때는 '정중함'을 잊지 않는 것이 중요하다. 이 '정중함'에는 필요한 정보를 알기 쉽게 쓰는 일이 포함된다. 이와 동시에 어떤 상대에게든 정중한 어조를 사용하도록 주의하는 일도 포함될 것이다.

비즈니스 이메일인 경우에 특히 더 주의를 기울여야 한다. 비즈니스 이메일은 정확히 용건을 전달하는 것이 가장 중요하므로 아무래도 글이 딱딱해지기 쉽다. 이 딱딱함을 조금이라도 없애려고 생각한다면, 부드러운 문체로 쓰는 수밖에 없다. 그러니 어떤 상대에게든 '합쇼체'를 사용하도록 항상 주의해야 한다.

이는 사적인 이메일에도 해당된다. 친한 사람과 이메일을 주고받을 때는 자기도 모르는 사이에 스스럼없는 말투로 쓰기 쉬운데, 이 경우에도 '정중함'이 필요하다. 엽서나 편지와는 달리, 이메일은 격식을 차리지 않고 쓰기 쉬우니 한층 더 주의가 필요한 것이다.

사실 친구에게서 온 이메일이 너무 격의 없는 구어체로 쓰여 있으면, 살짝 기분이 상하는 경우가 있다. 이메일을 쓴 본인은 친밀감을 표현하려 했겠지만 문자로 읽는 쪽은 감정에 치우치지 않고 냉정하게 읽게 되기 때문이다. 웃는 얼굴로 마주 앉아 대화를 나누는 것과 이메일로 주고받는 것은 근본적으로 다른 것이다.

 이메일은 짧은 문장으로 필요한 정보만을 쓰는 경우가 많으므로 이메일을 쓸 때는 정중함을 잊지 않도록 신경 써야 한다.

특정 상대와
이메일을 교환할 때에
주의할 점

비즈니스 이메일이냐, 사적인 이메일이냐에 따라 이메일을 교환할 때 주의할 점이 달라진다. 답장을 보낼 때 종종 상대가 보낸 이메일을 그대로 첨부해서 답장을 보내는 경우가 있다. A씨로부터 받은 이메일에 그가 보낸 이메일도 포함해 답장을 쓰는 식이다.

이 방법은 상대의 이메일에 그대로 답장을 클릭하면 자동적으로 선택된다. 그러면 이메일을 받은 A씨는 다시 한 번 자신이 보낸 이메일을 읽게 된다.

비즈니스 이메일의 경우, 이런 방법이 자주 선택되는데, 이메일 교환을 그대로 기록으로 남길 수 있기 때문일 것이다. "상대가 어떤 제안을 해왔는가?"라든가 "그 제안에 대해 나는 어떻게 답변했는가?" 또는 "그 답변에 대해 상대가 조건을 어떻게 변경했는가?" 등등의 내용을 하나의 이메일에서 확인할 수 있다.

이처럼 이메일을 주고받은 흐름을 알 수 있으면 나중에 오해가 생기는 일도 없다. 경위를 따지면서 냉철하게 이메일 정보를 해석하고 판단할 수 있게 된다. 비즈니스 이메일에서는 이 방법이 때때로 유용하게 쓰이지만, 사적인 이메일의 경우는 어떨까?

당신이 A씨에게 의뢰하고픈 일이 있어서 조금 길게 이메일을 보냈다고 하자. 그러자 A씨로부터 답장이 왔다. 그 답장 서두에 "유감스럽지만 사정이 여의치 않아 힘들겠습니다."라고 달랑 한 줄만 쓰여 있고, 그 밑에 당신이 보낸 이메일이 그대로 인용되어 있다.

왠지 '불쾌한 기분'이 들지 않겠는가? '거절할 거라면 자기가 쓴 문장 한 줄만 보내면 되잖아'라는 생각이 들 수도 있을 것이다.

사적인 이메일을 주고받을 때는 예의상 상대의 이메일에 그대로 답장을 쓰지 말고, 최소한 상대의 이메일을 지운 후에 답장을 보내는 것이 낫지 않을까? 물론 이는 내 개인적인 느낌에 불과할지도 모른다.

그러나 이메일 정보란 항상 상호통행이라는 것, 이 점만은 잊지 말았으면 한다. 같은 정보 정리라고 해도 이메일의 경우에는 항상 상대방의 입장도 배려하라는 뜻이다. 이를 위해서라도 우리들에게 필요한 것은 마음의 여유다.

　자신의 생활 리듬을 유지하면서 이메일 정보를 정리하도록 유의하자.

> **TIP** 상대방의 이메일 내용을 같이 붙여서 답장을 하는 것은 상대방의 기분을 상하게 할 수 있으므로 사적인 메일을 쓸 때는 상대방의 메일 내용을 지우고 쓰는 것이 좋다.

이메일을 제대로 사용하는 방법

1. **이메일은 하루에 한 번만 체크해야 한다.** 상대가 자료나 정보를 애타게 기다리고 있을 때를 제외하면 평소 자신의 일이나 생활 리듬에 맞춰 적당한 시간대를 정해 놓고 그 시간에만 이메일을 체크하는 것이 좋다.

2. **이메일은 여유로운 시간대에 체크해야 한다.** 분주하고 정신이 없을 때는 실수로 중요한 정보를 삭제하거나 저장해 놓고도 저장한 사실조차 잊어버리는 경우가 있다.

3. **이메일 주소록과 같은 정보는 시간 날 때마다 정리해야 한다.** 잘못된 주소로 이메일을 보내는 실수를 종종 저지르기 때문이다. 불필요한 주소를 정리하지 않으면 주소록이 어수선하고 복잡해진다.

4. **중요한 이메일 정보는 컴퓨터 본체에 저장해 둬야 한다.** 이메일 소프트웨어 안에 저장해 두면 사용하기 힘들고, 정보도 혼란스럽게 널려 있게 된다. 휴대하고 다닐 수도 없다. 이메일 소프트웨어 안의 중요한 이메일들은 체크하는 그 자리에서 컴퓨터 본체에 폴더를 만들어 저장하라.

5. **이메일을 쓸 때는 정중함을 잃지 말아야 한다.** 너무 격의 없는 구어체를 쓰면 상대방의 기분을 상하게 할 수도 있다. 자신은 친밀감을 표현한 것이겠지만 상대방은 감정에 치우치지 않고 냉정하게 읽게 되기 때문에 그 의미를 다르게 받아들일 수 있다.

6. 사적인 이메일을 주고받을 때는 상대의 이메일에 그대로 답장을 쓰지 말고, **상대의 이메일을 지운 후에 답장을 보내는 것이 바람직하다.** 그대로 답장을 쓰면 무성의하게 보일 수도 있다.

EPILOGUE

당신이
컴퓨터의
주인이다

컴퓨터가 있으면
놀이도 취미도
한 권의 책으로 만들 수 있다

내가 이 책에서 쓴 내용은 컴퓨터를 다루는 데 익숙한 사람에게는 특별히 새로운 내용이 없을 것이다. 이렇다 할 뉴스나 기술도 제시하지 않았다. 예를 들어, 검색엔진을 이용하기 위한 '숨겨진 비법'이라든지 인터넷의 비밀 정보 사이트 소개도 없었다.

그러기는커녕 인터넷 활용법에 대한 언급도 없었다. 오히려 초조해 하며 정보를 수집할 필요가 없다고 제언했다. 허둥지둥 수집하지 않아도 정보는 도망가지 않으며, 인터넷 그 자체를 거대한 외장 하드디스크로 간주해도 좋다고 말했다. 인터넷에서는 방대한 정보들이 언제든 호출에 응할 수 있도록 대기하고 있기 때문이다.

그보다 컴퓨터 자체가 내포하고 있는 어마어마한 능력에 주목하기 바란다. 컴퓨터는 정보를 저장하고, 정리하고, 삭제하는 일련의 작업을 아주 간단하게 실행해 준다. 아무리 대량의 정보라고 해도 뒤죽박죽되는 일 없이 저장할 수 있고, 손쉽게 불러낼 수 있다. 클릭만 하면 정보를 질서정연하게 분류하고 정리해 준다.

이 같은 컴퓨터의 기능을 십분 활용하면 컴퓨터로 할 수 없는 일은 거의 없을 것이다. 이는 조금도 과장이 아니다.

실제로 나는 30년 동안 꿈꾸고 있었던 영화를 컴퓨터 덕분에 완성시킬 수 있었다. 컴퓨터로 글뿐 아니라 그림이나 사진, 영상을 저장하고 정리할 수 있었다.

어떻게 보면 컴퓨터는 당신의 꿈을 지원해 주는 마음 든든한 응원자이다. 자신이 갖고 있는 모든 정보를 컴퓨터에 맡겨 그 정보를 정리하면서 부족한 부분을 써 넣거나 보충해 가면 눈에 보이는 작품을 완성시켜 나갈 수 있다.

한 가지 예로, 책을 만들 수도 있다. 자신의 놀이나 취미의 세계에서 지금까지 축적해 온 정보를 정리해 한 권의 책으로 만들어보자.

당신이
컴퓨터의 주인이다

그렇게 한다면 '이런 점이 약하다', '이 부분은 공부를 더 해야겠다'와 같은 사실을 깨닫게 될 것이다. 이는 어떤 정보가 부족한지를 알게 해주는 것이면서 목표를 분명하게 해주는 것이다.

'꿈이 실현되려면 아직 멀었다'고 느끼는 경우도 있을지 모른다. 그러나 풀이 죽을 필요는 없다. 컴퓨터가 없다면 정보를 정리할 수도 없고, 어디서부터 손을 대야 할지 몰라서 어리둥절해 할 것이다. 그 귀찮은 작업을 적절하게 지시만 내려주면 컴퓨터는 금세 처리해 준다. 그 뒤는 부족한 정보를 수집하기만 하면 된다. 이 부족한 정보를 모으는 것이 바로 '공부'다.

부족한 정보를 수집했다면 이 정보를 또다시 컴퓨터가 정리해 준다. 이런 반복을 통해 언젠가는 자신이 좋아하는 세계를 한 권의 책으로 엮을 날이 도래할 것이다. 지금 되돌아보니, 내 영화 제작도 바로 그 같은 작업이었다.

TIP **정보를 정리해 완성된 작품으로 만들어주는 컴퓨터는 당신의 꿈을 실현시켜 주는 든든한 응원자이다.**

컴퓨터는
당신의
충실한 부하이자 비서

인터넷 정보는 아무리 수집한다 해도 다듬어지지 않은 원석에 불과하다. 누군가가 열심히 가공해 준 것일지도 모르지만, 그 정보를 자신의 지식으로 만들거나 활용할 수 없으면 이용 가치가 없다. 다만 정보로 보고 들어서 화제로 삼을 수는 있다.

"그거, 알고 있어?"라고 누가 물을 때 "그럼, 알고 있지."라고 대답할 수도 있다. 의미는 이해할 수 없어도 알고 있는 것은 사실이다. 화제로 삼거나 그저 남들이 말하는 화제에 끼어들기 위해서 그 같은 정보를 매일 컴퓨터를 통해 수집한다는 것은 왠지 어리석은 일처럼 느껴진다. 왜냐하면 이때 주역은 컴퓨터이기 때문이다. 컴퓨터가 없으면 정보를 찾을 수도, 수집할 수도 없다. 게다가 수집한 정보를 어떻게 하겠다는 의도도 없으므로 컴퓨터 소유자는 그저 구경꾼에 지나지 않는다. 역시 주역은 컴퓨터인 것이다.

그러니 이제 슬슬 주역은 자기 자신이라는 사실을 깨닫기 바란다. 당신이 컴퓨터의 주인이고, 컴퓨터는 어디까지나 당신의 충실한 부하 혹은 비서다. 그러니 당신은 컴퓨터를 능숙하게 다룰 줄 알아야 한다. 컴퓨터에 휘둘려 시간을 낭비하고, 끝내 아무것도 얻지 못하는 것은 부하나 비서가 말하는 대로 움직이는 한심한 상사와 같다.

그러나 당신이 컴퓨터를 단순하게 사용하고, 컴퓨터를 이용해 정보를 정리하고 스케줄 관리를 하며, 다음 목표나 배워야 할 것을 파악한다면, 그때 컴퓨터는 믿음직스러운 도구가 될 것이다. 그래서 당신의 중요한 일을 점점 더 맡아 할 수 있게 될 것이다.

이에 따라 당신은 가장 중요한 작업, 예컨대 사고하는 일과 예측하는 일이, 계획을 세우는 일과 같은 작업에 전념할 수 있게 된다.

컴퓨터는 본래 그런 도구다. 내가 이 책을 쓴 이유도 사람들에게 이 같은 사실을 환기시키기 위해서다.

부디 오늘부터 자신의 컴퓨터를 중노동을 견디는 오른팔로 재인식하라. 지금까지 제대로 활용하지 못했던 컴퓨터의 능력을 깨닫게 된다면, 힘에 부치는 많은 일을 컴퓨터에 전부 맡겨보자는 마음이 들 것이다. 바로 그 순간 당신의 컴퓨터는 당신의 꿈과 인생의 중요한 계획을 강력하게 지원해 주는 든든한 아군이 될 것이다.

TIP **컴퓨터는 당신의 비서일 뿐 컴퓨터의 주인은 당신이다.**